성공을 꿈꾸는 직장인의 특별한 자기계발

디자인 마인드

양요나

시공사

디자인 마인드

2008년 1월 16일 초판 1쇄 인쇄
2008년 1월 20일 초판 1쇄 발행

지은이 | 양요나
발행인 | 전재국

본부장 | 이광자
주간 | 이동은
편집 팀장 | 전우석
편집 | 전우석
미술 팀장 | 팽현영
마케팅 실장 | 정유한
마케팅 팀장 | 정남익

발행처 | (주)시공사
출판등록 | 1989년 5월 10일(제3-248호)

주소 | 서울특별시 서초구 서초동 1628-1(우편번호 137-878)
전화 | 편집(02)2046-2843 · 영업(02)2046-2800
팩스 | 편집(02)585-1755 · 영업(02)588-0835
홈페이지/www.sigongsa.com

ISBN 978-89-527-5100-3 03000

성공을 꿈꾸는 직장인의 특별한 자기계발

디자인 마인드

양요나

시공사

차례

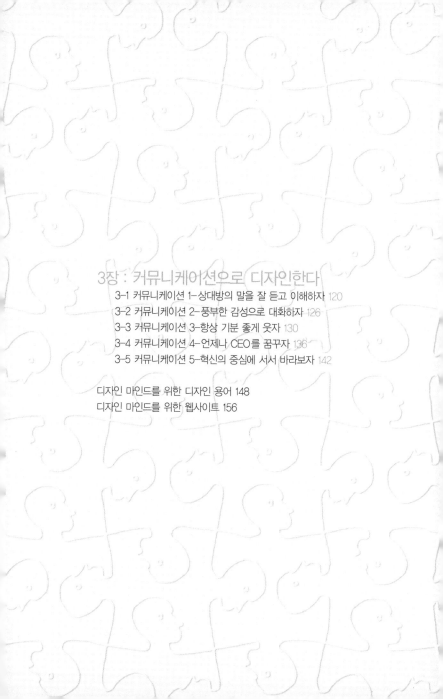

여는글

그림의 주인공은 양요나, 스물세 살 때 첫 출근한 모습이다. 뻣뻣한 머리에 헤어젤을 듬뿍 바르고 내 형편에 큰맘 먹고 준비한 값싼 정장 차림에 넥타이를 있는 대로 조여맸다. 그것도 부족해 커다란 뿔테 안경 사이로 식은땀까지 줄줄 흘리며 어리둥절 사무실로 들어갔다. 지금도 그때를 생각하면 아찔하다. 나는 군대를 가지 않았다. 학생들에게는 머리가 좋아서라고 이야기했지만, 실은 몸무게 때문이다. 흔히 몸집이 크면 대범할 것이라 생각하지만 난 정말 소심했다. 커다란 몸에 맞지도 않는 정장을 끼워입고 작은 사무실 작은 의자에 앉아 있던 나. 그때 나는 아무것도 아니었다. 시키는 대로만 해야 그나마 편안한 시간을 가질 수 있었고, 조금이라도 나의 생각을 행동으로 옮기려 하면 사람들은 '왕따'라는 자리를 기꺼이 내주었다. 차라리 왕따가 좋다며 그 생활을 즐길라 치면 어느새 다른 사무실로 나의 자리가 옮겨졌다. 그렇게 직장 생활을 하다 보니 어느새 서른이라는 나이가 내게 어깨동무를 청했다. 이제 나는 사무실에서 전혀 필요 없는 존재가 되었고, 필요 없는 디자이너가 되었다. 하지만 지금은 그런 사소한 일에는 눈 하나 깜박하지 않을 만큼 담대하고 디자인을 위해 있는 그대로를 느끼고 이야기하고 만들어낼 수 있는 자신감 넘치는 존재로 바뀌었다.

직장을 떠나 비로소 디자인이 무엇인지를 더욱 절실하게 알았지만, 직장 다닐 때 '디자인'을 좀더 잘 이해했더라면 그렇게 버림받거나 외롭지 않았을 것이라는 자조 섞인 넋두리도 간혹 흘려본다. 그런 차에 기획

편집자 전우석님을 만나 디자인 관련 집필에 대해 이런저런 이야기를 나누다 대부분의 직장인들이 '디자인'이 무엇인지 그 실체에 목말라 한다는 사실을 깨달았다. 의기투합한 우리는 일을 저질러보기로 작정했고, 그래서 이 책을 썼으며 지금 독자들의 손에 턱하니 쥐어진 것이다.

디자인design은 '표현하다, 지시하다, 성취하다'의 뜻을 가진 라틴어 데시그나레designare에서 유래했다. 디자인을 통해 표현하고, 지시하고, 성취하고 싶어 하는 것은 바로 생각이다. 따라서 디자인은 생각을 표현하고, 지시하고, 성취함을 뜻한다. 뭐 너무 시시하다면 좀더 어렵게 디자인을 요약해 정의할 수도 있다. '주어진 목적을 조형적으로 실체화하는 것.' '주어진 목적'이 생각으로 해석된다면 이 또한 별로 어렵지 않게 느껴질 것이다. 문제는 '조형적으로 실체화'하는 부분인데 이것 때문에 직장인은 디자인하면 손사래를 칠 수밖에 없다.

디자인을 '조형적으로 실체화'한다는 의미를 '그림 그리는 일'로 오해해서는 안 된다. 조형은 '형태를 만든다'는 의미다. 형태는 점, 선, 면, 색으로 이루어지는 것이 아니라 바로 글(생각, 이야기)로 이루어진다. 손으로 그림을 그리는 일은 디자인에서 그다지 중요하지 않다. 디자인에서 중요한 조형(그림 그리기)은 머리(생각)에서 출발해 머리로 그리는 것이다. 글을 통해 그림을 그려내는 것이 디자인이고, 이를 물체로 만들고, 행동으로 옮기는 것이 바로 실체화다. 실체화를 위해 손으로 그림(여기서 손으로 그리는 그림은 직접 손으로 그리는 그림, 손을 이용해 프로그램, 즉 포토샵, 일러스트, 플래시, 드림위버, 맥스, 캐드, 프리미어 등으로 그린 그림을 의미한다)을 그릴 뿐이다.

우리가 알고 있는 디자인은 '손으로 그리는 그림'이다. 웹 디자인, 편집 디자인, 제품 디자인, 건축 디자인, 공간 디자인, 의상 디자인……. 모두 손으로 그린 그림을 통해 인쇄물, 영상, 제품, 건축물을 만든다. 하지만 손그림을 그리는 사람들이 디자이너는 아니다. 직장인의 머리에서 탄생한 생각을 누군가 손그림으로 대신 그려주었다면 진짜 디자이너는 바로 직장인이다. 직장인은 손으로 그림을 못 그린다는 콤플렉스에서 벗어나야 한다. 다시 말해 손으로 그리는 그림은 디자인에서 중요한 부분이 아니다. 디자인에서 중요한 부분은 바로 머리로 그리는 그림과 그것을 현실로 만들어내는 성실함이다.

머리로 그리는 그림. '디자인라이팅Design Writing'을 통해
만들어지는 그림을 위해 이 책은 직장인에게 최고의 방법을
제시한다. 이를 통해 디자인에 목말라 하는 직장인들이 많은
도움을 받았으면 한다. 디자인은 인간에게 사랑을 주고, 디자
이너 자신에게는 행복을 가져다주는 과정이다. 이 책을 읽고
실천하는 과정을 통해 당신 자신이 인간(조직) 안에서 중요한
존재가 되어가는 것을 실감할 수 있을 것이다.

1장

디자인 마인드로
디자인을 터득한다

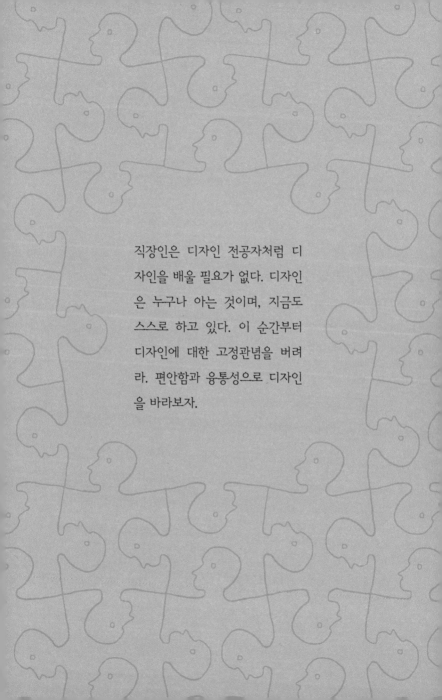

직장인은 디자인 전공자처럼 디자인을 배울 필요가 없다. 디자인은 누구나 아는 것이며, 지금도 스스로 하고 있다. 이 순간부터 디자인에 대한 고정관념을 버려라. 편안함과 융통성으로 디자인을 바라보자.

디자인라이팅
머리로 디자인하자

직장인은 직장인다운 디자인을 배워야 한다. 디자인을 배운
답시고 어려운 디자인 관련 프로그램을 공부하고, 그림을 그
리는 건 부질없는 짓이다. 디자인책을 읽는 것도 그리 권하고
싶지 않다. 디자이너들조차 디자인책에 소개된 이미지를 제
대로 이해하지 못한 채 고스란히 머릿속에 입력하느라 바쁘
기 때문이다. 하지만 디자인 프로그램이나 다양한 이미지들
을 이해하고(생각하고, 머리로 글쓰고) 나름대로 공부한다면 설
사 프로그램 툴에 문외한이거나, 그림에 '그' 자조차 몰라도
진짜 디자인을 할 수 있다. 중요한 것은 아이디어(머리로 글쓰
기)다. 머리로 글쓰기. 이것이야말로 디자인과 관련된 업무만

생기면 그냥 멍하니 앉아 디자이너들의 업무 처리만 손꼽아 기다리던 당신을 변화시킬 비법 중의 비법이다.

네 발로 땅을 짚고 걸어다니던 인간이 허리를 펴고 직립 보행을 할 수 있었던 원동력은 무엇일까? 바로 생각이다. 머 릿속에 떠오르는 무수한 생각들을 현실로 만들려는 욕구 때 문에 인간은 네 발 대신 두 발을 선택한 것이다. 머리로 쓴 글 을 실제 디자인하려면(만들어내려면) 손이 필요했을 테고 당연 히 땅을 기는 데 사용하던 네 발 중 두 발이 그 가능을 담당하 게 된 것이다.

그러나 인간을 일으켜 세운 생각은 절대 외워서 생기지 않 는다. 강의를 듣고, 책을 보고, 정보와 접촉하고, 이미지를 보 면서 막연히 외운 것들은 실제 디자인에 아무 쓸모가 없다. 스 스로 이해한 단어만이 디자인의 소재가 될 수 있다.

그렇다면 어떻게 해야 디자인을 위한 생각을 키울 수 있을 까? 거창할 것 없다. 주제에 대해 아주 감성적이고 개인적인 글쓰기를 하는 것이다. 개인의 감성이 듬뿍 담긴 글을 쓰고 나면 그 대상을 가장 이성적으로 함축할 수 있는 단어가 떠오르고, 이 단어(내가 이해하는 단어)가 곧 말이 되어 튀어나온다. 어찌 보면 말이야말로 인간이 만든 최고의 디자인이다.

따라서 직장인다운 디자인을 하려면 무엇보다도 먼저 생각을 말로 표현하는 방법을 터득해야 한다. 이 훈련이 잘된다면 디자인은 물론 현실을 관찰하고 미래를 보는 힘마저 생겨난다. 이처럼 생각을 말로 이끌어내는 디자인라이팅이 가능해지면 달달 외운 지식이나 단어가 아닌 나라는 존재를 통해 새롭게 탄생한 단어가 디자인을 지배한다. 이것이 디자인라이팅의 핵심이다.

디자인 역시 인간과 인간 사이에서 일어나는 일이다. 인간은 생각이 담긴 말과 글, 그림으로 커뮤니케이션을 한다. 그중에서 글은 인간의 생각을 가장 일반적으로 커뮤니케이션하는 수단이다. 명확하고 논리적인 글쓰기를 통해 디자인을 이해하고, 이를 토대로 소비자를 설득하는 긍정적인 커뮤니케이션까지 만들어낼 수 있는 것이다. 따라서 디자인(생각을 표현한 결과물)을 해석하지 못하면 내가 만들어내는 물건(정보)을 팔 수 없다. 의류 회사에 다니는 사람이 옷을 어떻게 디자인하는지 모르면, 자동차 회사에 다니는 사람이 누구나 좋아하는 디자인이 어떤 건지 모르고 당신 회사의 제품(정보)을 사야 하는 이유를 설득하지 못하면 회사나 개인이나 성장을 멈추고 말 것이다.

뿐만 아니라 당신의 대화 상대(회사 상사, 소비자, 디자이너, 의뢰인)들은 그 디자인이 왜 좋은지 이유를 듣고 싶어 한다. 판에 박힌 매뉴얼대로 설명하거나 알려주면 어느 누구도 귀를 기울이지 않는다. 사람들이 원하는 것은 바로 당신만의 이야기다. 당신이라는 존재를 통해 재창조된 참신한 느낌이 전달되어야 비로소 그 제품에 대해 관심을 가지고 긍정적인 시선을 보내는 것이다.

디자인(이미지, 제품)을 글로 쓰지 못하는 것은 그 디자인을 명확하게 이해하지 못하는 것이다. 글은 디자인에 대한 생각을 정리하고 비전을 제시하는 방법이다. 정확한 디자인 글쓰기는 동료들의 믿음과 협력을 얻어 디자인의 연속성을 만들어낸다. 이것이 바로 '디자인라이팅'이 필요한 이유다.

　　미술과 디자인은 다르다. 미술은 그림(표현)을 그리지만, 글쓰기 부분이 부족하다. 생각은 글쓰기다. 그리고 표현은 그림이다. 글과 그림을 자유자재로 왔다갔다하는 능력이야말로 인정받는 직장인이 되는 첫 번째 조건이다.

설득을 위한 디자인라이팅
다양성을 이해하자

디자인라이팅은 자신이나 조직의 생각을 사람들에게 설득시킬 수 있는 기반을 만든다. 설득은 상대가 반대편의 이야기에 따르도록 여러 가지로 깨우쳐 말하는 것을 의미한다. 그러므로 설득 지향적인 디자인라이팅은 이미 비즈니스에 대한 확신을 가진 상태에서 작성된다. 당연히 구상, 주제어 연상, 컨셉트 도출, 자료 조사, 컨셉트 확정을 통한 1차 글쓰기는 끝난 상태다. 여기에 사람들을 설득시킬 수 있는 요소(꾸밈)를 넣어주면 '설득 지향적인 디자인라이팅'이 완성되는 것이다.

하지만 디자인라이팅은 감성적인 사실을 토대로 정확하고 명확하며 객관적이어야만 가치를 지니고, 동시에 사람들을 설득할 수 있다. 1차 글쓰기에서 나를 통해 오감, 움직임, 인간, 경험, 이야기를 도출했다면 그 가치를 사람들에게 이야기할 수 있는 감성이 담긴 이성적이고 논리적인 글과 생각, 말이 나오게 된다. 이를 통해 사람들을 설득하고 자신이 원하는 디자인을 생산할 수 있다.

이를 위해 가장 중요한 것은 설득할 대상을 관찰하고 그들이 비즈니스를 통해 얻고자 하는 이익의 형태를 알아내는 것이다. 하지만 동일한 사실을 토대로 작성된 디자인라이팅이라도 대상에 따라 다르게 설득시켜야 하므로 설득 지향적 디자인라이팅에서 절실한 것은 다양성이다. 설득은 고정적인 글쓰기로는 이루어지지 않고, 다양성을 지닌 유연한 글쓰기를 통해 이루어진다. 다양성을 확보하기 위해서는 우선 대상에게 디자인라이팅의 확실한 결론을 이야기하고, 결론에 이르게 된 구체적인 과정을 논리적인 흐름과 지적인 격식, 그러면서도 쉬운 문장의 연결로 제시해야 한다. 결론에 이르게 된것이 막연한 밀어붙임이 아니라 다양성을 확보하고 있음을 인지시켜야 한다. 그리고 비즈니스에서 발생할 수 있는 문제와 해결책을 함께 제시함으로써 설득을 위한 디자인라이팅이 아니라 이익 추구를 담은 문서임을 느끼게 해주어야 한다.

설득 지향적인 디자인라이팅 작성의 가장 중요한 요소는 문서 작성자의 확신이다. 올바른 확신을 가지기 위해서는 오랜 생각과 집중력이 필요하다. 설득을 위한 디자인라이팅 작성은 대상의 설득뿐만 아니라 스스로의 가치를 높이는 글쓰기의 완성이다. 제목이 실질적이며 상징성을 갖도록 신경을 쓰고, 비즈니스의 핵심 내용을 전달한다. 본문은 짧지만 신중함이 배어 있게 작성하고, 상대방의 입장을 고려해 정확한 어법과 언어 선택이 되도록 교정을 하고, 추상적 비유는 가급적 삭제한다. 더불어 도표 등의 통계 그림을 활용해 설득 지향적인 디자인라이팅을 더욱 확고히 한다.

시각 정보에 대한 불편한 진실
착시를 이해하자

일반적으로 잘못 보는 것을 착시라고 한다. 대부분의 직장인들은 착시를 단순한 재밋거리로 받아들이겠지만, 디자인은 착시에 의해 이루어진다. 모든 사람들이 있는 그대로 본다면 디자인(생각의 표현)은 존재 가치가 없다. 잘못 보기에 자신의 생각을 디자인으로 만들어낼 수 있는 것이다.

갑자기 무슨 생뚱맞은 이야기냐고 되묻는 직장인도 있을 것이고 지금까지 디자인에 대해 귀동냥한 것과는 너무 다른 이야기에 황당해 할 직장인도 있을 것이다. 하지만 잘못 보기 때문에 디자인이 만들어진다는 것은 금방이라도 증명할 수 있는 명백한 사실이다. 쉽게 생각해 사람이 있는 그대로 본다면 굳이 글로 써서 설명할 이유가 없지 않겠는가. 디자인의 핵심은 보이는 그대로 받아들이는 것이 아니라 잘못 보이는 이유를 설명하는 데 있다. 사람들이 이미지를 어떻게 잘못 보고, 잘못 생각하는지 설명하면 디자인의 비밀도 풀리게 마련이다.

자를 가져와 선들의 길이를 재어보라. 선의 길이는 모두 같다. 하지만 선의 굵기가 굵어질수록 길이가 짧아 보이는 느낌을 받을 것이다. 그렇다면 길이는 같은데 짧게 보는 것이 우리의 잘못일까? 절대 아니다. 그림(이미지)은 자나 각도계로 보는 것이 아니라 느낌으로 본다. 당신에게 그렇게 보이면 그것이 맞는 것이다.

그렇다면 왜 선은 굵을수록 짧아 보이는 것일까? 이것을 이해하려면 보기만 해서는 안 된다. 움직여봐야 한다. 움직이면 그림(이미지)을 몸으로 느낄 수 있을 것이다. 자, 눈을 감고 얇은 선을 양손으로 든다고 상상하자. 이번에는 가장 두꺼운 선을 들어보자. 이렇듯 그림이 우리에게 느낌을 줄 수 있는 이유는 보는 것만으로도 그 그림의 무게(힘)를 느낄 수 있기 때문이다. 당연히 무게가 무거워지면 자신도 모르게 근육이 경직되며 위축되는 느낌을 받을 것이다.

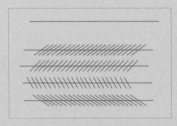

여러 사선들 가운데 수평선이 그려져 있다. 어떻게 보이는가? 분명 아래쪽으로 내려가거나 위로 올라가는 느낌을 받을 것이다. 왼쪽에서 수평선을 미는 힘이 작용하기 때문에 사선들이 없어도 수평선은 왼쪽에서 오른쪽으로 움직이는 느낌이 든다. 지금의 수평선에도 마찬가지 힘이 작용하지만, 수평선이 너무 짧으면 사선들에 의해 가다가 멈춰버린 느낌을 받을 것이고, 너무 길면 사선들이 수평선의 힘을 다 소진시켜 맥 빠진 인상을 받을 것이다. 이렇듯 이미지는 쉴새없이 움직인다. 분명 고정된 그림일 뿐인데도 우리는 움직인다고 느끼는 것이다. 인간은 움직임을 느끼고 그 느낌은 인간에 의해 해석된다.

무언가 느낌이 다른 통통한 옷걸이 그림이다. 이런 그림을 대할 때면 사람들은 왜 다르게 느껴지는지 그 이유를 찾는다. 그러나 이유를 찾는 데 너무 오래 걸리면 짜증이 난다. 그렇다고 너무 쉬워도 재미없다. 옷걸이의 걸이 부분을 보니 완전히 구부러지지 않아 걸어도 금방 미끄러져 떨어질 판이다. 다른 느낌에 대한 이유를 금세 알아챌 수 있도록 벽에 못을 박아줄 수도 있겠다. 하지만 옷걸이 안에 못을 박아주면 너무 식상하니 조금 공간을 두어 못을 박아두자. 그러면 옷걸이가 미끄러져 아래로 떨어지는 느낌을 전달할 수 있을 것이다.

착시의 예

인간의 눈이 가지는 시각 현상의 착오를 말하는 것으로 디자인 요소(점, 선, 면, 형태, 색)의 대비에 의해 이루어진다. 한마디로 디자인은 착시에 의해 이루어지는 셈이다. 착시는 정보 전달이 불분명하다는 의미가 아니라 시각 정보를 해석하는 인간의 본능적 대응이기 때문에 이를 이용한 디자인은 과학적이라 하겠다.

직장인들이 착시를 이해할 수 있도록 극단적인 예를 제시하기 위하여 기하학 형태를 중심으로 대표적인 착시를 소개하겠다. 불명확한 이미지 전달이 디자이너가 목표 집단에게 이미지를 강하게 전달하는 커뮤니케이션 수단이 될 수 있다.

1. 서로 다른 크기로 보이는 두 개의 원

두 원 중 위쪽의 원이 커 보인다.
디자이너의 의도건 아니건 우리는 일상적으로 착시를 통해 대상을 보고 있다. 그러므로 디자이너는 착시를 디자인의 일정한 조건으로 보아야 한다. 착시를 고려하지 않은 디자인은 현실적이지 못하다.

2. 전체로 이해하는 이미지 착시

사각 점들에 색을 넣어 만든 눈 이미지다. 만약 착시가 없다면 사람들은 점 하나하나를 인식할 뿐 결코 눈의 이미지로 보지 않을 것이다. 눈은 전체적으로 받아들이는 이미지인 셈이다.

형광등은 1초에 30번 깜박거린다. 그러나 인간은 계속 켜 놓았다고 느낀다. 컴퓨터 모니터, 텔레비전, 애니메이션, 영화 등 모두 1초에 몇십 번씩 그림이 변하지만 인간은 연속되는 것으로 느낀다.

3. 방향의 착시

두 개의 평행선이 사선에 이끌려 방향이 틀어져 보인다. 모든 이미지는 각자의 힘을 가지고 있다. 그중 수직이나 수평은 너무 정직해 다른 힘의 영향을 쉽게 받는다. 사선의 활동적인 힘에 평행선이 이끌리는 것도 그 이유 때문이다.

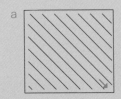

a. 정사각형이지만 오른쪽 하단에 중심이 있는 듯 보인다.
b. 정사각형이지만 오른쪽 중앙에 중심이 있는 듯 보인다.

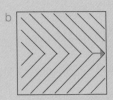

정사각형 틀을 사진이라고 보면 사진 방향에 의해 중심점이 달라지고 그 중심점이 시선을 유도한다.

4. 위치의 착시

똑같은 육각형과 팔각형이다. 그러나 놓인 위치가 달라져 b가 a보다 다각적이고 활동적으로 보인다. 이는 꺾인 직선의 효과 때문에 발생하는 것으로 상단으로 올라갈수록 각이 강조되어 활동성이 생겨난 것이다.

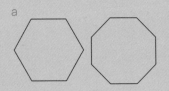

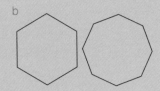

 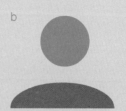

a, b는 모두 같은 크기의 동산에 떠오르는 달이지만, a가 더 커 보인다.
a는 동산에 붙어 막 떠오르는 느낌을 주기 때문에 가까이 있는 것같이 느껴지고 커 보이는 것이다.
b는 동산에서 떨어져 멀리 있는 느낌을 주며 작아 보인다.

68
68

a, b, c, d는 크기와 모양이 모두 똑같지만 위에 놓인 것은 크게, 아래에 놓인 것은 작게 보인다. 당연히 크게 보이는 것이 강조된다.

5. 길이의 착시

a, b 모두 같은 길이의 선이다. 그런데 a보다 b가 더 길게 보인다. 이 것은 꺾인 직선이 a선을 막고 있고, b선을 풀어주기 때문이다. 우리가 쉽게 쓰고 있는 기호 〈 〉를 생각하면 된다. 〈 〉로 묶인 부분은 폐쇄성 을 가지고 있어 독립된 부분으로 인식된다.

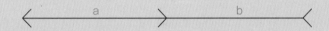

a. 같은 길이의 선이지만 아래로 갈수록 짧아 보인다. 사선이 선을 폐쇄 하고 있다. 아래로 갈수록 멀리 떨어지는 느낌을 받는다.
b. 같은 길이의 선이지만 아래로 갈수록 길어 보인다. 사선이 선을 열어 놓고 있다. 아래로 갈수록 가까이 다가오는 느낌을 받는다.

a

b

a, b, c, d 모두 같은 길이의 선이지만, 아래로 갈수록 길어 보인다. 사선이 a, b, c, d로 열리고 있다.

수평선, 수직선 모두 같은 길이의 선이다. 그러나 수직선이 더 길어 보인다. 수직선은 열린 공간을 지향해 움직이는 활동성이 있는 반면 수평선은 정적인 느낌이 강하기 때문이다.

a. 정사각형이지만 수평선의 영향으로 폭이 넓어 보인다.
b. 정사각형이지만 수직선의 영향으로 높이가 높아 보인다.
수평선은 가로로, 수직선은 세로로 나아가는 성질이 있다.

6. 분할에 의한 착시

a, b 모두 같은 길이의 선이지만, 분할된 b가 더 길어 보인다. 분할된
이미지는 그 자체로 운동성을 가지므로 부피가 커 보인다.

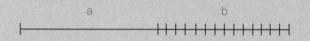

a, b 모두 같은 폭과 높이를 가지고 있지만
a는 수평선들의 영향으로 폭이 넓어 보인다.
b는 수직선들의 영향으로 높이가 높아 보인다.
수평선이나 수직선이 집단화되었을 때 운동성은 더 커진다.

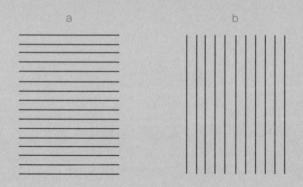

a, b 모두 같은 정육면체지만
a는 수평선들의 영향으로 폭이 넓어 보인다.
b는 수직선들의 영향으로 높이가 높아 보인다.
수평선이나 수직선이 집단화되었을 때 운동성이 커지며 입체에도 영향
을 준다.

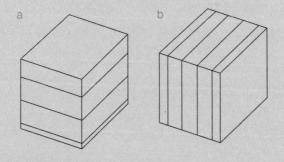

7. 대비에 의한 착시

a, b 모두 같은 길이로 분할되어 있지만 a가 더 길어 보인다. 주위의
선이 짧기 때문에 a가 b보다 길어 보이는 것이다. 주위에 큰 물건이 있
으면 그것에 대비되어 다른 사물은 작아 보인다.

a, b 모두 같은 크기의 검은 원이지만 a가 더 커 보인다.
a가 b보다 주의의 원이 작기 때문에 대비되어 커 보인다.

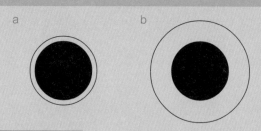

8. 거리에 의한 착시

a. 위의 검은 두 점은 집단을 이루며 상호관계를 유지하지만, 아래는 집단을 이루지 못한다.
b. 왼쪽의 빨간 두 점은 집단을 이루며 상호관계를 유지하지만, 오른쪽은 집단을 이루지 못한다.

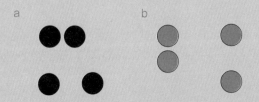

거리가 짧을수록 집단을 이루어 일체감을 준다.

a. 위는 사랑이라는 단어로 들어오지만 아래는 '사' '랑' 이라는 개별적인 글자로 들어온다.
b. 위는 사랑받는 사람이 되고 싶다는 의미로 들어오지만, 아래는 '사랑받는'과 '사람이 되고 싶다' 는 의미가 따로 들어온다.

a

사랑

사 랑

텍스트는 집단을 이루어 하나의 의미를 전달하는 디자인 요소이기에 무엇보다 글자 간의 거리가 중요하다.

b

사랑받는
사람이 되고 싶다.

사랑받는

사람이 되고 싶다.

9. 명도에 의한 착시

a, b 모두 같은 형태지만
a는 검은 부분(명도가 높은 부분)이 먼저 눈에 띄어 마주보는 얼굴로 보인다.
b는 검은 부분(명도가 높은 부분)이 먼저 눈에 띄어 술잔으로 보인다.

a

b

a, b 모두 같은 크기의 원이지만 a가 커 보인다.
a. 명도가 높으면(밝은) 확산하는 느낌을 주므로 이에 영향을 받아 커
보인다.
b. 명도가 낮으면(어두운) 폐쇄되는 느낌을 주므로 이에 영향을 받아
작아 보인다.

10. 면적에 의한 착시

같은 형태지만 크기를 달리함으로써
원근감이 생겼다. 큰 모양은 왼쪽 아
래, 작은 모양은 오른쪽 위에 놓여야
만 자연스러운 원근감이 생긴다.

11. 이중 의미 형태에 의한 착시

지금까지 학습한 착시 현상을 이용해 하나의 형태 안에 두 가지 모양과 이미지를 만들어낼 수 있다. 디자이너는 이를 이용해 사람들에게 이중 의미를 전달하고, 의미를 모호하게 만들어 지속적으로 시선을 잡아놓거나 생각하게 만들 수 있다. 그러나 불명확한 의미는 사람들을 불편하게 만들어 나쁜 인상을 주기 쉽다.

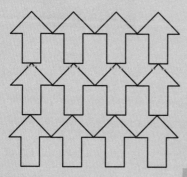

화살표 12개가 명확하게 보인다. 그 사이에 또 다른 화살표들이 숨어 있다. 명확한 상승 이미지에 희미한 하강 이미지를 보여준다.

시선이 움직이는 방향에 따라 다른 모양이 나온다.

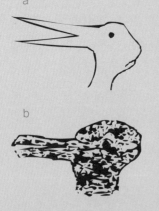

a. 윤곽으로 표현할 때
오른쪽에서 왼쪽으로 볼 때는 토끼,
왼쪽에서 오른쪽으로 볼 때는 가마
우지.

b. 윤곽과 질감으로 표현할 때
오른쪽에서 왼쪽으로 볼 때는 털이
수북한 토끼
왼쪽에서 오른쪽으로 볼 때는 얼룩
덜룩한 가마우지

a. 윤곽으로 표현할 때
모양이 불명확해서 술잔, 원숭
이, 여자 가슴 등으로 해석할
수 있다.

b. 윤곽에 물체의 특징을 채
워주면 술잔과 마주보는 얼굴
이 나타난다.

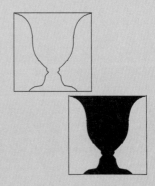

분명한 형태는 보여주지만 중요한 부분을 가려 호기심을 자극한다. '이 여자는 몇 살이나 되었을까?' 라고 생각해본다. 혹시 남자일 수도 있다.

사람을 판단하는 가장 중요한 부분은 얼굴이다. 시험 제작 중인 X-car가 앞뒤를 가리고 달리는 모습을 보았을 것이다. 그것 역시 호기심을 자극하는 방법이다.

디자인의 생명
느낌으로 받아들이자

느낌에서 시작해 느낌으로 끝나는 것이 디자인이다. 따라서 느낌이 없는 사람은 디자인을 할 수 없다. 하지만 느낌이 없는 사람은 없다. 다만 느낌을 받아들이지 않을 뿐이다. 대부분의 직장인은 시키는 일만 잘하면 직장 생활에서 중간은 할 수 있다고 생각한다. 하지만 직장인이 가장 싫어하는 것이 자신의 생각은 무시당한 채 명령만 수행하는 일이다. 그런데도 명령을 받아들일 수밖에 없는 것은 직장 생활의 위기감이 표현 능력을 막기 때문이다. 그러다 보면 자신도 모르는 사이에 느낌이 사라진 직장인이 되어간다. 디자인에서 자신의 목소리를 드러내고 싶은 직장인이라면 다시금 느끼는 연습을 해야만 한다.

자, 느낌 훈련을 위해 인간이 만든 최고의 디자인을 사용해보자. 바로 기호다. 따지고 보면 세상의 모든 것이 다 기호지만 우리가 일상적으로 기호라 부르는 그림들(+×÷\☆∞?!)로 시작해보자. 어떻게 해석해야 할까? 느낌을 잃은 직장인이라면 '+'는 '+'라고 학습을 받았기에 '+'라 말할 것이다. 그럼 '−'를 '+'라고 학습 받았다면 '−'를 '+'로 사용하겠는가? 결코 그렇지 않다. 디자인은 교육받은 전문가를 위해 만들어지는 것이 아니라 보통 사람들을 위해 만들어진 것이다. 나쁜 디자인은 구구절절 설명해야 알지만 좋은 디자인은 설명하지 않아도 자연스럽게 알 수 있다. 인간은 느낌으로 디자인을 알아내는 것이다. 교육받지 않아도 '+'는 더하기의 느낌을 주고 '−'는 빼기의 느낌을 준다. 이렇듯 기호는 오랫동안 인간이 느낌으로 만들어낸 생산물이다. 지구 어디에서도 이 기호는 통한다. 그 이유는 인간이라면 누구나 공통된 느낌을 가지고 있기 때문이다.

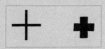

보통의 더하기와 느낌이 다르다. 갑자기 달려와 '착' 달라붙는 느낌이다.

느낌에서 중요한 것은 앞에서 말한 움직임이다. 그리고 하나 더 있다. 움직임과 꼭 따라 붙는 '소리' 다. 느낌은 움직임을 인지하는 동시에 소리를 듣는 것이다. 따라서 느낌을 찾는 일은 의성어와 의태어를 찾아내는 과정과 진배없다.

'✕'를 놓고 생각하면 이해가 빠를 것이다. 양쪽으로 입을 벌린 것이 자꾸만 양을 늘려나갈 태세다. 자꾸 양을 늘려가니 저절로 '뻥뻥' 하고 소리를 낼 것 같다. 그렇다면 '÷'는 어떨까. 한 개의 점을 가운데에서 '쿵' 하고 내리쳐 두 개로 갈라 버린 것 같다. 나누기 표시를 잘 보면 대부분 '╲' 으로 표현한다. 일직선 방향으로 나눌 수도 있지만, 위에서 아래 방향으로 사선을 그어 나누는 것이 단번에 둘로 나누는 움직임이 아니라, 고민을 하면서 여러 개로 나누고 있음이 느껴진다. 그 나눔에서도 아래 것으로 위를 나누는 모양이다. 보통 우리는 위아래가 바뀌면 잘 받아들이지 않는다. 생명이 자랄 때 아래에서 위로 자라나기 때문에 그것에 익숙한 것이다. 그래서 우리는 아래의 것을 중심으로 하고 나눔의 기준도 아래의 것에 둔다.

'☆'은 별 표시다. 물론 별은 이런 모양이 아니다. 다만 느낌으로 상징화한 것이다. 별빛이 느껴지도록 뾰쪽하게 그린 것일 뿐 별 모양과는 관계없다.

'∞'가 무한대 기호가 되기 위해서는 무한대 느낌이 나야한다. 끊임없이 같은 속도로 걸어가는 모습이 연상되고 이내 '뚜벅뚜벅' 소리가 들린다. 왔던 곳으로 또다시 가고 또다시 원점으로 돌아오는 움직임이 느껴지기에 무한대 기호로 허락받은 것이다.

'?'는 어떤가? 직장인은 항상 물음표다. 왜 이런 일을 해야 하는지, 왜 이 정도 월급밖에 못 받는지, 왜 사람들에게 인정받지 못하는지 등. 물음표를 잘 보면 완전한 원을 만들지 못하고 도중에 선이 끊겨져 아래로 '탁' 하고 떨어져버렸다.

마지막으로 '!' 기호에 주목하자. 유독 윗부분이 두껍다가 갑자기 아래로 쏙 빠진다. 많은 것이 담겨지고 그것이 일정한 위치를 잡으면 진하게 응축되어 '똑' 떨어져 결과를 만들어낸다. 이렇듯 디자인은 그냥 만들어지는 것이 아니라 생각이 담긴 느낌으로 만들어진다.

창조의 실마리

경험에 집중하자

노인용 세탁기 버튼을 만들어야 하는데, 어떻게 해야 좋을지 모르는 디자이너가 있다. 수치상으로 노인용 세탁기의 글자 크기나 누르는 세기가 이미 나와 있고, 노인들에게 설문 조사 까지 했지만 만족스러운 세탁기 버튼을 구상하지 못한다. 이런 디자이너에게 무엇인가 요구해야 하는데 도통 생각이 떠오르지 않는 당신. 그런 당신에게 주저 없이 이렇게 말하고 싶다. "당신이 노인으로 변신하세요."

'팔팔한 젊은이가 어떻게 노인이 될 수 있냐고?' '개인마다 생각도 다르고 표현 방식도 다른데 어떻게 사람들의 생각과 행동을 예측할 수 있느냐고?' 해보기는커녕 낙담하여 되묻는 것이야말로 디자인의 적이다. 그렇다면 회사의 존재 이유는 무엇인가? 사람들의 행동을 예측하고 그에 맞는 상품을 개발하여 새로운 이윤을 창출하는 것이 그들의 목표이지 않은가. 당연히 소비자의 입장에서 생각하고 새로운 아이디어를 떠올리는 직장인의 변신은 생존을 위한 필수 조건이다. 잘 나가는 직장인이 되려면 변신의 명수가 되어야 하는 것이다. 그렇다고 나를 버리고 다른 사람이 되라는 것은 절대 아니다. 내 안에는 하나의 모습만 있는 것이 아니라 아주 다양한 또 다른 내가 존재한다. 내 안에 존재하는 또 다른 나를 꺼내면 그뿐이다. 생각하기 싫다면 디자인을 포기해야 한다.

자, 눈을 감고 이제부터 노인이 되는 연습을 해보자.

노인이 버스를 타려고 한쪽 문고리와 다른 쪽 문의 빗장을 잡고 힘겹게 올라온다. 당신은 그 상황만 떠올려도 노인의 힘 없는 다리를 상상할 수 있다. 노안으로 시야가 흐릿한 노인이 문고리에 의지해 버스에 오를 때 가장 절실하게 필요한 것은 무엇일까? 자신이 상상하는 대상에 최대한 근접하기 위해 청각, 촉각, 후각, 미각을 총동원하라. 다양한 감각을 느낄수록 자신이 상상하는 대상에게 더 가까이 접근할 수 있다. 중심을 잃지 않으려고 다리에 힘을 주지만 버스가 연신 흔들거리는 통에 문고리를 잡은 손아귀에 저절로 땀이 밴다. 앙다문 입에는 힘이 들어가고 콧바람마저 제법 거칠다.

이제 조금은 노인을 느낄 수 있었는가. 하지만 이걸로는 아직 부족하다. 더 완벽한 이해를 위해 당신의 경험을 끄집어내라. 또다시 눈을 감고 아래의 상황을 상상해보자.

밤늦도록 일하다 귀가해 세 시간도 못 자고 다음 날 아침 출근 버스를 탄다. 몸살 기운이 있어 몸은 욱신거리고 아침식사도 못 해 컨디션이 영 엉망이다. 만원버스에 몸을 실으려 발판에 발을 걸치기는 했으나 딛고 일어설 틈이 없다. 양쪽 문을 잡고 몸을 힘껏 끌어올린다. 어찌어찌 사람들 틈에 끼어들어 이리저리 밀리며 직장으로 향한다.

아까보다 노인의 상황이 더 현실적으로 와닿았을 것이다. 이 경험을 세탁기 버튼의 구상에 활용해보자. 무엇보다도 시력이 약한 노인들을 위해 버튼은 세탁기를 잡고 서 있을 때 가장 잘 보이는 부분, 또는 손을 짚은 부분에 달아야 할 것이다. 그리고 크기가 너무 작거나 버튼 사이의 간격이 좁아서도 안된다. 허리가 조금은 구부정해진 노인들을 위해 버튼의 높이도 고려해야 할 것이며 버튼을 누르는 세기가 너무 약해 눌렸는지 안 눌렸는지 구분할 수 없어도 곤란하다. 좀더 배려한다면 버튼이 작동되었을 때 소리가 들리거나 램프등이 켜지는 보조 기능도 생각할 수 있을 것이다. 또한 세탁기의 일정 부분에 손잡이를 달아 노인들이 중심을 잃지 않도록 배려하는 것도 좋은 아이디어다.

이렇듯 느낌은 경험으로 이어지고, 경험은 오감으로 연결된다. 자, 이 오감이 결합된 경험을 다시 각각의 감각으로 분리해보자. 절대로 그림을 잘 그릴 필요가 없다. 그저 느끼면서 그리면 그만이다. 그래야만 비로소 느낌이 살아나고 그렇게 되면 사람들은 반응할 수밖에 없다. 다시 한 번 힘주어 말하지만 그림은 글로 그린 후에 그려야 쓸모가 있다. 직장인인 당신, 잊지 마라. 점 하나 선 하나에도 경험을 담을 수 있다면 당

신은 이미 성공한 디자인에 근접했다. 자, 아이디어 스케치를
디자이너에게 내밀어라. 그리고 적절한 단어로 당신의 의도
를 설명하라. 어느새 디자이너는 노인용 세탁기 버튼을 떠올
리기 시작할 것이다.

끝없이 샘솟는 생각
마음으로 사람을 대하자

직장인들도 학창 시절 미술(디자인과 가장 닮은 공부)을 배웠을 것이다. 미술은 말 그대로 아름다운 것을 그리는 기술이다. 그렇다면 미술에서 중요한 것은 그리는 기술인가, 아니면 아름다움에 대한 생각인가? 당연히 아름다움에 대한 생각이다. 생각 없이 무작정 그리는 것은 그림이 아니다. 비단 미술의 문제만이 아니라 생각 없이 외운 것들로는 절대 문제를 해결할 수 없다.

아름다움은 무엇인가? 유감스럽게도 아름다움은 절대적인 답을 가지지 않는다. 답이라고 생각할 수 있는 것은 의미(이야기, 글쓰기)다. 빨강이 아름다운 것은 빨강의 이야기가 아름답기 때문이다. 아름다움은 인간을 가장 긍정적인 상태로 만들어주는 것을 의미한다. 직장인이 디자인을 통해 만들려는 것이 바로 인간을 긍정적으로 만들어내는 '아름다움'이다. 아름다움을 꺼내기 위해서는 느낌과 움직임을 글로 쓸 수 있어야 하며 글(이미지) 안에 긍정적인 사람이 들어 있어야 한다.

　세 사람이 전등에 손을 뻗치고 있는데, 제각각 팔길이가 다르다. 그림으로 보면 그다지 큰 차이가 아니지만 의미(이야기)는 사뭇 다르다. 팔길이만으로도 느낌이 다르고, 움직임이 다르고, 표정이 달라지기 때문이다. 전등에 손이 전혀 닿지 않는 사람의 표정, 손이 중간 정도까지 닿은 사람의 표정, 전등에 손이 닿은 사람의 표정이 모두 달라진다.

픽토그램의 둥근 원(p.53 화살표 부분)에서 표정의 변화를 보자. 만약 픽토그램의 원이 그냥 원으로만 느껴진다면 디자인을 통해 어떤 이야기도 만들지 못한다. 우리는 디자인에서 일상적으로 표정을 본다. 다만 그 표정의 의미를 찾아내지 못할 뿐이다. 표정의 의미를 찾아내면 디자인이 지닌 이야기를 알아낼 수 있다. 정확한 표정을 찾아내는 것이 바로 육하원칙(언제, 어디서, 누가, 무엇을, 왜, 어떻게)이다. 육하원칙에 따르면서 느낌과 움직임, 경험이 함께 내재하면 디자인을 해석할 수 있다.

그림을 보면서 실전에 돌입해보자. 육하원칙(아침에, 집에서, 내가, 전등을, 전등이 들어오지 않아서, 갈아끼우려고 손을 뻗었다)에 따라 표정을 읽고 느낌과 움직임을 덧붙여보자.

첫 번째, 나는 아직 빛이 완전하지 않은 아침에 눈을 떴다. 전등을 켰지만 들어오지 않는다. 갈아끼우려고 손을 뻗는다. 하지만 팔이 오그라들며 힘만 들어갈 뿐 위로 올라가지 않는다. 이유는 어렸을 때 습기 찬 화장실 불을 켜다 전등이 '팍'

하고 터졌던 기억 때문이다. 끝내 팔이 올라가지 않는다(얼굴 표정이 보인다. 여기서 중요한 것은 전등의 무서움으로부터 나를 보호하려는 긍정적인 움직임이다. 디자인은 언제나 긍정적인 결과만 가져와야 한다. 그렇기 때문에 디자인을 하는 직장인의 생각 자체도 긍정적이어야 한다).

여기서 나는 보통 사람이다. 나를 여자로 바꾸면 픽토그램의 그림이 여자로 바뀌고 느낌과 움직임, 표정이 달라지고 이야기 또한 달라진다. 육하원칙에 의해 쓰인 글이 조금만 바뀌어도 그림이 바뀌고 사람들에게 전달되는 의미가 달라져버린다. 그래서 글쓰기가 정확해야 정확한 디자인을 만들고 정확한 정보를 전달할 수 있다.

모래시계에서 모래가 떨어지면서 삼각형을 이룬다. 삼각형 마루에는 모래가 단 한 알뿐이다. 어찌 보면 삼각형 아래에 놓인 수많은 모래 알갱이들은 모래알을 떠받치고 있는 것이다. 디자인도 마찬가지다. 느낌과 움직임을 가지고 육하원칙에 의해 풍부하게 쓰인 글(알갱이, 생각)들은 제대로 된 하나의 디자인을 만든다. 이것이 바로 양질 전환의 법칙이다. 서로 다른 생각들이 차곡차곡 모이고 쌓여야 완성된 디자인을 만들 수 있다. 그렇다고 이미 아래로 떨어져 쌓인 알갱이들을 다시 집어 떨어뜨리는 우를 범해서는 안 된다. 그렇게 되면 생각의 양에 변화가 없을 뿐만 아니라 디자인에서 어떤 결과도 기대할 수 없기 때문이다. 생각의 양이 풍부해야 질적인 변화가 생긴다. 설령 많은 생각을 통해 얻어진 디자인(행동)이 받아들여지지 않고 무너져 평평해져도, 그만큼 생각의 능력이 확보되고 다른 디자인을 하는 경우 더욱 빠르고 견고하게 결과물에 도달할 수 있다.

그렇다면 어떻게 해야 생각이 풍부해질 수 있을까? 일단 긍정적으로 생각해야 하며 사람을 대할 때 마음으로 대해야 한다. 마음은 인간에 대한 배려로 생각을 담는 공간이다. 그렇기에 생각은 인간과 연결되어 있으며 풍부한 생각이 나오려면 인간에 대한 마음이 가득해야 한다. 뜬구름 같은 이야기라며 볼멘소리를 할 직장인이 있겠지만 이제부터라도 상대방에게 마음을 다해 대해보고 그를 배려하는 습관을 길러라. 이런 사람이야말로 불평하기에 앞서 현명한 대안을 제시할 수 있으며 기뻐하고 인정받는 직장인이 될 수 있다.

폼form생폼form사
작은 차이를 만드는
디자인라이팅을 익히자

폼생폼사라. 기본적으로 이렇게 폼을 잡으려면 지갑이 두둑
해야 한다. 좋은 옷을 입고, 좋은 음식과 좋은 차를 굴리려면
마땅히 그 대가를 지불해야 하는 것이다. 없는 돈에 좋은 옷을
입고 돌아다니면 그야말로 헛폼이다. 좋은 옷일수록 어쩌다
한 번씩 걸쳐줘야 하며 이것저것 잘 관리해줘야 한다. 돈이 없
으면 일정한 수준의 폼을 유지하는 것 역시 불가능하다. 디자
인 역시 폼에 살고 폼에 죽는다. 좋은 디자인은 돈(자본)에서
나온다. 하지만 직장인은 넉넉한 돈으로 디자인을 할 수 없는
터 돈의 위력을 발휘할 수 있는 지혜를 갖추면 된다. 지혜는
'멈추고 딱딱해진 무엇을 움직이는 힘'이다. 앞에서부터 계속

강조하는 디자인라이팅이 바로 지혜로 나를 채우는 일이다. 직장인은 돈이 아닌 지혜로 폼을 잡아야 한다.

폼form(형태)은 빛이 있어야 만들어진다. 이 개념을 잘 느끼고 알고 있으면 디자인할 때 유리하다. 빛은 태양의 수소와 수소가 엄청난 압력과 온도하에서 헬륨으로 결합할 때 내놓는 에너지(느껴지는 물질)다. 빛은 수소라는 물질에서 깨어져나온 또 하나의 물질로 광자(빛의 알갱이) 또는 파동이라고 한다. 파동 또한 물질이 만들어내는 것이다. 빛이라는 물질과 지구의 물질이 부딪쳐 만들어지는 것이 '색(물질)'이며 그렇기 때문에 색 역시 물질이다. 폼을 가지지 않은 색은 없으며 색을 가지지 않는 폼 역시 없다. 이렇듯 형태와 물질은 공존한다.

골치 아픈 이야기였다면 흔히 사용하는 자를 통해 폼을 이해해보자. 자에게 어떤 이야기를 주느냐에 따라 폼도 달라지고, 의미도 달라진다. 자를 그린다고 했을 경우 자의 눈금을 조밀하게 그릴 것인지, 넓게 그릴 것인지를 미리 알려주자. 그 간격이 조밀하면 아주 자세히 관찰하는 느낌이 들면서 하나

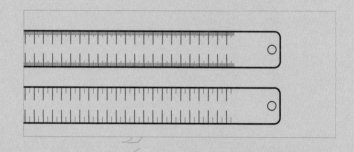

하나 꼼꼼하게 따지는 의미를 가진다. 넓으면 성큼성큼 걸어 가는 느낌이 들면서 수치에 연연하기보다는 대충 크기를 가 늠하는 시원함을 강조한다. 하지만 조밀함이 시원함을, 넓음 이 꼼꼼함을 만들어낼 수도 있다. 이것이 바로 디자인라이팅 의 힘이다.

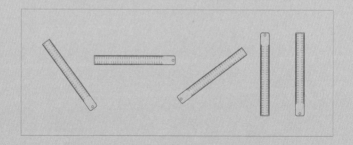

자가 놓인 위치(폼)에 따라 의미가 달라진다. 폼의 조그마한 변화가 다른 디자인을 만든 것이다. 세상은 큰 차이로 변화하는 것이 아니라 아주 작은 변화가 전체를 변화시킨다. 변화는 완벽한 탈바꿈이 아니라 생각을 조금 다르게 하고 느끼는 일이다. 매일 다른 변화가 필요하다고 다른 일들을 시도하는 직장인은 변화를 느끼기보다는 쉽게 무력감에 빠져들 것이다. 그러므로 직장인은 작은 차이로 변화를 만드는 기술을 디자인라이팅을 통해 익혀야 한다.

단어의 신택
고객의 말을 잘 이해하여
디자이너에게 전달하자

디자인라이팅(생각, 이야기, 이미지)의 완성은 말이다. 말(마알)
은 '마음의 알'이라는 뜻이다. 마음의 알은 생각이며 이것이
부화되어 나오는 것이 '말'이다. 디자인은 생각의 표현이고,
표현의 기본은 말, 글, 그림이다. 이들은 모두 '단어'로 이루
어진다. 그러므로 디자인을 잘하려면 단어를 제대로 풀이해
서 들을 수 있는 능력을 키워야 한다.

　디자인은 혼자 할 수 없다. 디자인을 요청하는 고객이 있
게 마련이다. 그는 단어로 말하거나, 글로써 의사를 전달하거
나, 단어로 이야기가 담긴 그림을 그려준다. 가장 중요한 것은
그가 말(마음의 표현)하는 점을 이해하는 일이다. 그러므로 직

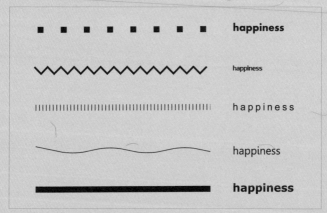

장인은 고객의 말을 풀어서 그 풀이된 말을 디자이너에게 제대로 전달해야 한다. 즉 '단어'의 의미를 느끼고 그 뜻을 전달하는 것이 중요하며, 긴 이야기 대신 압축된 단어만으로 그 의미를 전달할 수 있어야 한다. 이런 마법 같은 능력은 사물의 진정한 의미를 찾아 그 움직임을 제어할 때 비로소 얻을 수 있다. 진정한 의미란 사물이 가진 이야기를 몸으로 느끼며 단어를 선택하는 것이다.

위의 그림처럼 여러 모양의 점과 선이 있다고 치자. 여기에 'happiness(느낌, 의미)'가 결합하면 같은 그림이지만 의미는 아주 많이 달라진다. 디자인라이빙을 하는 이유는 이처럼 같은 대상이라도 원하는 디자인의 결과물을 유도하도록 적절한 단어를 선택하여 디자이너에게 요구하기 위한 것이다. 이때 'happiness'라는 단어를 좀더 구체적으로 설명한다면(혼자만의 happiness, 오랜만에 반가운 이를 만났을 때의 happiness 등) 그 효과는 배가될 수 있다.

2장

디자인 마인드로
다양하게 디자인한다

직장인은 여러 분야의 디자인을 할 줄 알아야 한다. 디자인은 크게 시각 디자인visual design, 제품 디자인product design, 환경 디자인 environment design, 미래 디자인future design의 네 분야로 나뉜다.

디자인 마인드로 무장한 직장인은 거침없이 이 모든 영역을 소화할 수 있다.

시각 디자인 1–사진, 동영상
세계 최고의 디자인에 도전하자

디자인의 기본은 시각이다. 시각은 그냥 '본다'는 것에 그치지 않고 '보고 생각한다'는 의미다. 실제로 시각은 다른 감각들보다 많은 정보를 받아들인다. 그렇다면 시각 기능이 불안정한 사람은 정보를 받아들이지 못한다는 것인가? 아니다. 다른 감각들이 느낌을 통해 시각을 대신한다. 청각은 소리로 보여주고, 촉각은 터치로 보여주는 등 시각 기능이 떨어져도 다른 느낌이 그 역할을 대신할 수 있다는 의미다. 느낌은 보이는 그림(시각 이미지)으로 압축된다. 분명 소리나 터치만으로도 디자인이라고 할 수 있지만, 그것을 구체적으로 풀어내어 알려주는 정보 형태는 시각, 즉 그림과 글이다. 그래서 디자인은 글과 그림이라는 시각 이미지를 해석하는 데서 시작된다. 쉽게 말해 소리, 터치, 냄새, 맛, 보임 등을 시각으로 모두 압축하는 능력이 있어야 한다.

우리는 일상에서 시각을 통해 정보를 해석한다. 시각은 소리, 터치, 냄새, 맛, 보임이라는 느낌을 압축하고 있으며, 우리는 감각을 느낌으로써 압축을 풀어내고 정보를 받아들인다. 말은 어렵지만 아주 일상적인 일이다. 이러한 시각 디자인 중에서도 사진은 특히 많은 정보를 전달한다. 사진을 해석하면 디자인 과정을 더 잘 이해할 수 있다.

로버트 카퍼가 스페인전쟁 중 죽은 스페인 병사를 촬영한 사진(p.70)을 보자. 사진은 '물건의 모양을 있는 그대로 그려낸' 것이다. '있는 그대로'는 현실을 의미한다. 인간은 현실에서 일어난 일만 믿는다. 앞으로 일어날 일도 그동안의 경험과 느낌을 바탕으로 해석한다. 그런 까닭에 인간에게 가장 신뢰를 주는 시각 디자인의 영역은 일어난 일을 그대로 보여주는 사진이다. 사진을 찍어놓으면 어려운 해석 과정 없이도 있

는 그대로를 믿을 수 있기 때문이다. 당신이 소비자라면 카퍼의 사진을 보고 스페인 병사의 죽음을 안타까워하는 정도에서 지나쳐도 좋다. 그러나 디자인을 생산해야 하는 직장인이라면 소비자가 왜 이 사진을 보고 안타까워하는지 분석해야한다.

그냥 사진만 봐서는 아무것도 해석할 수 없다. 아, 낯선 구도나 색채를 이야기할 수 있다고? 하지만 디자인에는 구도나 색채가 없다고 봐야 한다. 그럼 무엇이 있단 말인가? 인간다운 해석이 있을 뿐이다. 구도나 색채 같은 의미 없는 기준이 아닌 그냥 자신이 느끼는 대로 해석하고 말하면 된다. 사진은 한순간을 찍어낸 기록이지만, 인간이 느끼는 것은 찰나보다 아주 길다. 느낌이 전할 수 있는 현실로 사진을 받아들여야만 비로소 해석이 가능한 것이다. 사진 안으로 들어가라. 그리고 총 맞은 사람으로 순간이동하라.

햇살이 너무 따스한 탓일까. 축축한 땅에 기댔던 습기 먹은 몸이 태양의 온기를 간절히 원한다. 나도 모르게 총신을 잡고 몸을 일으켜 세운다. 일순간 시야가 탁 트인다. 팔꿈치를 뒤로 당기고 목을 젖히며 기지개를 켠다. 그리고 아득한 느낌으로 앞을 바라본다.

'탕.' 총소리인가? 무언가 나를 강하게 뒤로 밀어붙인다. 내 손에서 총이 밀려져가고 마른 풀이 무성한 축축한 땅으로 나의 육신이 다시 넘어진다.

사진을 해석한 이 이야기를 통해 병사의 죽음이 '안타까움'을 자아내는 이유를 짐작할 수 있다. 사진은 현실이라고 말하지만 어찌 보면 완벽한 조작이다. 수많은 사진 중 이 사진을 선택함으로써 '안타까움'에 대한 완벽한 이야기를 설정하고, 누구라도 똑같이 생각하도록 조장하기 때문이다. 만약 병사가 총을 꽉 잡고 있었다면 싸움에 대한 의지를 느꼈을 테고, 젊은 병사라면 요절을 통해 인생의 허무함을 느꼈을 것이다. 어디 그뿐인가. 병사의 몸이 마른 풀 대신 콘크리트 바닥에 누웠다면 더욱 처절함을 느꼈을 것이다. 사진 속 그림이 달라지면 이야기와 의미가 달라지고, 이야기가 달라지면 사진도 달라지는 것이다.

카퍼의 경우 일단 대상을 다큐멘터리로 찍고 나서 작품이 될 만한 사진을 선별한다. 하지만 광고나 홍보 사진은 사정이 다르다. 사진을 찍기 전에 이야기를 만들고, 그 이야기를 통해 어떤 메시지를 전할지 확실한 느낌을 설정하고 작업에 임하는 것이다. 예를 들어 컨셉트가 '사랑'이라면 도대체 어떤 '사랑'인지 구체적으로 설정해야 한다. 아주 사소한 부분이라도 사진의 내용을 뒤바꿀 수 있기 때문에 주제가 최대한 돋보이도록 모든 디테일을 어루만지는 것이다.

다음은 동영상이다. 사진을 쭉 연결해 소리와 글을 그 위에 덧입히면 동영상으로 변모한다. 하지만 사진은 이미 소리와 글(이야기)을 내포하기 때문에 사진 자체가 동영상인 셈이다. 사진을 동영상으로 풀어 이야기를 보여주면 이미지를 복잡하게 해석하는 과정 없이도 느낌만으로 메시지를 전달받을 수 있다. 그러므로 사진과 동영상은 닮은 꼴이다. 사진이 메시지와 정보를 압축한 것이라면 동영상은 그것을 쉽게 술술 풀어놓은 것에 불과하다.

직장인이여, 디자인을 너무 어렵게 생각하지 마라. 당신도 지금 이 공간에서 얼마든지 세계 최고의 디자인(생각의 표현)을 구상할 수 있다. 당신이 가진 세계 최고의 디자인을 다른 사람들이 인정해주지 않는다 해도 꾸준히 보완하고 탄탄하게 각색하면서 시간에 몸을 맡겨라. 언젠가는 당신의 디자인이 회사의 디자이너나 안목이 뛰어난 상사에게 꼭 받아들여질 테니까. 이쯤에서 디자인을 이해하려는 직장인에게 필요한 또 하나의 비결을 공개한다. 보는 훈련과 느끼는 훈련을 꾸준히 하라는 것이다.

시각 디자인 2-그래픽, 심벌, 픽토그램
자신의 **예술적 안목**을 끌어올리자

    그래픽graphic은 종이, 모니터, 제품, 건축에 그려진(인쇄된) 그림(사진, 일러스트, 심벌, 픽토그램, 타이포그래피, 로고 등)을 뜻한다. 애초에 그래픽은 인쇄 매체를 통해 제작된 그림을 뜻했지만 매체와 인쇄 기술이 발전하면서 그 영역 역시 크게 확대되었다. 대부분의 그래픽은 사라지지만 느낌이 남아 있다면 그래픽의 영향력은 지속된다고 할 수 있다. 그래픽 중 오랜 세월이 지나도 느낌을 그대로 간직한 것들이 바로 명화다. 미술은 그래픽의 기본으로 명화가 예술이 되어 살아남듯, 그래픽도 살아남아야만 디자인의 기능을 할 수 있다. 이렇게 느낌이 남는 그래픽이야말로 디자인이라고 부를 만한 가치를 지닌다.

예술과 같은 그래픽을 디자인하기 위해서는 명화를 보고 느낄 줄 알아야 한다.

전시장에 걸린 그림들을 어떻게 감상하는가. 처음 몇 작품은 가까이 들여다보며 깊이 있게 느끼는 듯하지만, 금방 지쳐 다음 그림으로 옮겨간다. 그렇게 몇 점을 지나치다가 눈에 띄는 그림을 찾아내면, 빠른 걸음(손놀림)으로 가까이 다가간다. 하지만 잠시 바라보고 다음 그림으로 넘어간다. 한마디 이야기도 나누지 않고 빙그레 웃거나 여러 가지 생각을 하며 그림 앞을 지나간다. 과연 무엇이 시선을 사로잡았는지 알 수 없지만 한순간 그림과 대화를 나눈다. 물론 무엇에 그렇게 매료되었는지 물어보면 명확한 대답을 제시하는 직장인은 아주 드물 것이다.

아쉽게도 우리는 미술 감상법을 제대로 교육받지 않았다. 그림을 보면서 여러 가지 감정들을 표현하거나 그림이 갖는 다양한 표현을 읽는 방법을 심도 있게 교육받지 못한 것이다. 이런 경험 부족은 좋은 디자인을 만들어내는 데 큰 걸림돌로 작용한다. 좋은 디자인을 만들고 싶은 직장인이라면 지금이라도 늦지 않았으니 명화를 감상하는 눈을 키워라. 안목이 높아지면 당연히 디자인 결과물도 좋아지게 마련이다. 다음 작품을 보며 명화를 감상하는 방법을 참고하자.

〈라 솔라나 후작부인〉, 프란시스코 고야

그림 속 주인공은 라 솔라나 후작부인이다. 길고 흰 얼굴에 목과 손, 발까지 모두 하얀 것을 보니 화장기 짙은 얼굴은 아닌 듯싶다. 부스스한 머리는 부인이 오랫동안 바깥에 나가지 못한 상태임을 이야기한다. 갑자기 부인의 아픔이 느껴진다. 부어오른 얼굴이 눈 밑에 살이 잡힌 자국을 만든다. 그래도 자신의 모습을 그림으로 남긴다는 설레임에 눈빛만은 붉게 빛날 것이다. 당신은 기쁨인지 슬픔인지 알 수 없는 이 붉은 기운에 갈피를 잡지 못할 것이다. 풍성하게 매달린 분홍 꽃 모양이 애써

《라 솔라나 후작부인》의 부분

여자의 아름다움을 보이려는 부인의 기쁨과 그 무게마저 힘겨운 듯 묘한 슬픔을 연출한다. 하지만 그 기쁨과 슬픔의 경계에서 끝내 웃음을 짓고 만다. 최소한 그림 속의 부인이 기뻐하고 있음이 더 강하게 느껴지기 때문이다.

이렇듯 그림이 직장인의 마음 안으로 들어와 자신의 이야기가 되었을 때 비로소 그 느낌을 받았다고 말할 수 있다. 그림 속 대상과 나의 마음이 대화를 나누고 그 내용을 구체적으로 표현할 수 있어야만 디자인에 관한 한 한수 위인 직장인이 된다.

심벌은 단어 없이 단순한 그림만으로 의미(기업, 단체, 행사의 내용)를 전달하는 디자인을 뜻한다. 심벌 역시 명화처럼 아주 많은 이야기(생각)를 담고 있다. 너무나도 익숙한 아디다스의 심벌은 우리와 공존하여 이제 예술이 되었다. 이유야 어찌됐든 아디다스의 이야기가 심벌 안에 스며들었기에 예술로 살아남은 것이다.

진정한 심벌 디자인은 단순히 조형적인 심벌을 추구하는 것이 아니라, 회사에 대한 진실한 이해와 진화에 대한 고민에서 비롯된다. 당연히 그런 의도에 맞는 심벌 디자인의 결과물을 얻도록 유도하는 것이 직장인의 임무다.

아디다스의 심벌을 잘 살펴보라. 꽉 채워져 움터 오르는 세 개의 싹이 서로를 억누르지 않으면서 자신의 영역에서 최대로 힘을 응축하고 있다. 이는 서로를 밀어내는 경쟁이 아니라 나만의 공간 속에서 여유롭게 운동함을 의미한다. '공정한 경쟁'이라는 스포츠 정신을 심벌에 심어넣은 것이다. 세 개의 싹을

관통하는 세 개의 통로는 질주를 상징한다. 튼튼한 체력을 바탕으로 한 움직임을 의미하는 것이다. 만약 새싹만 표현했다면 싹이 이내 자라서 서로를 밀치겠지만, 아래에 그려진 세 개의 통로를 통해 그들의 힘이 움직임으로 숨통을 트고 나왔다.

픽토그램은 이야기를 압축적으로 담은 그림을 뜻한다. 픽토그램이 정지를 담고 있다면 굵기에 따라 그 의미가 달라질 것이고, 비상구를 뜻한다면 사람의 머리 위치에 따라 의미가 달라진다. 굵은 정지 표시는 신속한 멈춤과 접근 금지를 유도한다. 비상구 픽토그램의 인물 머리가 앞쪽으로 기울어져 있으면 급박한 움직임을 유도할 것이고, 뒤를 향하고 있다면 무의식적으로 뒤를 돌아보게 만들 것이다. 중요한 점은 누구라도 빠르게 이해하고 행동으로 옮길 수 있는 그림을 만들어야 한다는 것이다.

시각 디자인 3-타이포그래피, 로고
소리내어 읽으며
디자인하자

디자인은 생각의 표현이다. 생각은 글(text)로 이루어지고, 표현은 그림(형태와 색)으로 만들어진다. 그런 까닭에 디자인의 3요소는 글, 형태, 색(물질)이다. 디자인 요소로서 중요한 색의 개념을 잘 생각하면 색에 대한 막연함에서 벗어날 수 있다. 형태 없는 색은 존재하지 않으며 형태와 마찬가지로 색 역시 경험 속 기억과 느낌으로 해석되는 물질이다. 그런 점에서 보면 타이포그래피(typo 글자, graphy 그림)는 형태와 색이 조합된 글자그림이다. 의미 있는(text를 가진) 글자를 그림으로 만든 것이 타이포그래피인 것이다.

글자에 그림을 입히면 글자의 의미가 달라진다. '기쁨'이

라는 단어가 있다고 치자. '기쁨'에 그림을 덧입히면, 기쁨이
되기도 하고 **'기쁨'**이 되기도 한다. 둘의 사전적 의미는 같
지만 전혀 다른 의미가 된다. 기쁨은 혼자만 간직한 기쁨이
고, **'기쁨'**은 모두 다 느낄 수 있으며 함빡 웃는 기쁨이다.

여기서 가장 중요한 개념은 '타이포그래피=소리'라는 점
이다. 타이포그래피를 해석할 때 소리의 느낌에 많이 의존함
을 의미한다. 좋은 건물, 좋은 물건, 좋은 내용으로 기껏 잘 만
들어놓은 디자인에 타이포그래피(문서, 라벨, 표지, 간판……)를
잘못 선택하여 전체를 망치는 경우를 흔히 본다. 내용과 분위
기에 맞지 않는 소리로 떠들어대는 꼴이다. 타이포그래피를
소리로 느끼면 왜 이런 형태와 색의 타이포그래피가 필요한
지, 그리고 무엇이 잘못되었는지 금세 알아챌 수 있다.

타이포그래피의 뜻을 더욱 제대로 느끼려면 소리내어 읽
어보면 된다. 같은 말이라도 말하는 사람과 말의 속도에 따라
의미가 달라진다. 따라서 자신이 원하는 방향대로 타이포그
래피가 반영되도록 소리에 집중해서 디자인에 임해야 하며
단어 하나하나에 뜻을 담아야 한다. 말이 됐든 생각(마음)이
됐든 타이포그래피를 그리며 소리내는 연습을 해야 한다.

AMORE PACIFIC

자, 옆의 단어를 소리나는 대로 읽으면 '아모-레 퍼시픽'이 된다. 아모레의 진한 파랑은 심해의 묵직한 잔잔함을 전하면서 소리를 멈추게 한다. 소리가 달라지니 느낌과 의미도 달라진다. 바로 이런 요소들이 로고에 차이를 가져오고 독특한 철학마저 이끌어내는 것이다.

로고와 심벌이 만나면 또 다른 이야기를 만들어낸다. 크라이슬러의 경우가 좋은 예다. '크라이슬러' 로고는 단단하고 길며 안정감이 있는 디자인으로 차에 대한 인상을 반영한다. 특히 심벌의 날개는 다른 날개에 비해 길고 넓다. 차가 가볍게 깔리며 주행하는 느낌을 시각적으로 보여주는 것이며 차체가 무거운 만큼 쾌속 주행을 하려면 날아오를 듯한 힘이 필요하고 그와 같은 힘을 크라이슬러가 가지고 있음을 암시한다. 이처럼 그냥 만들어지는 디자인은 없다. 형태와 색이 사뭇 촌스러워도 깊은 생각으로 만들어낸 로고와 심벌은 회사와 함께 살아남는다.

1.

+ ⊖ = **반대하다, 반 대 하 다 , 반 대 하다**
반대하다, 반 대 하 다 , 반 대 하다

2.

+ ⊖ = 반대하다, 반　대　하　다
반대하다 ●　반　대　하　다　？

　　반대는 두 사물이 모양, 위치, 방향, 순서 따위에서 등지거
나 서로 맞섬 또는 그런 상태를 의미한다. 어떤 행동이나 견
해, 제안 등에 따르지 않고 맞서 거스르는 것을 그림(이야기)으
로 표현하면 1의 경우는 두 눈과 입을 꼭 닫고 한결같이 반대
하는 느낌을 준다. 상대가 이것저것 보여주며 웃음을 짓지만
거들떠보지도 않는다. 꼭 다문 입은 좀처럼 움직일 기미가 없
다. 이렇게 단호할 수 있는 이유는 그렇게 해야만 하기 때문이
다. 남의 상황은 아랑곳하지 않고 자신이 가진 힘을 유지하려
고 거드름을 피울 뿐이다.

　　하지만 2의 경우는 사뭇 다르다. 상대방의 말을 듣다 보니

제법 그럴싸하다. 말하는 사람의 반대편에 있지만 그가 하는
이야기가 제대로 들리고 이해도 된다. 그래서 반대하지 않을
가능성도 크다. 한마디로 이해가 깔린 반대임이 느껴진다.

광고 디자인
소비자가 되어 꼼꼼하게 살펴보자

직장인은 디자인 과정을 거쳐 만들어낸 물건(정보)을 소비자에게 팔아야 회사에 이익을 남기고, 매출을 올리려면 광고라는 홍보 수단을 사용해야 한다. 아무리 좋은 제품이라도 광고 없이는 대량으로 유통할 수 없다. 좋은 제품이라는 입소문만으로 큰 이익을 기대한다면 시대착오적인 발상이다. 물론 판매와 상관없이 좋은 제품을 만들었다는 자부심만으로 직장생활이 보장된다면 그보다 좋을 수 없겠지만 좋은 물건을 만들었다면 당연히 소비자에게 알려야 할 의무가 있다.

광고에는 신문, 잡지, 텔레비전, 라디오, 웹, 간판 등 다양한 매체가 있다. 하지만 소비자에게 정확한 제품 정보만을 전달한다면 광고라기보다 설명서에 가깝다. 광고의 가장 중요한 부분은 빠르게 느낌을 주고, 그 느낌으로 제품(정보)에 대한 관심을 증폭시키는 작업이다. 즉 회사에서 만든 제품(정보)의 기능을 소비자가 빠르게 느낄 수 있도록 하는 것이다. 물론 다짜고짜 붙잡아놓고 보라고 들이밀면 짜증만 난다. 그보다는 관심을 유도하는 포인트를 찾아내야 한다. 그 해답은 바로 신선함에 있다.

자, 다음 이야기를 상상하면서 광고의 신선함을 몸소 체험해보자.

아침에 일어나 문을 여니 습기가 가신 서늘한 바람이 불어온다. 드디어 여름이 가고 가을이 온 것이다. 자연스럽게 시선이 파란 하늘로 옮겨진다. 가을의 느낌이 하늘에 대한 관심으로 이어진 것이다. 이때 가을하늘의 느낌과 옷(제품)을 결합해 이야기를 만들면 광고 한 편을 만들 수 있다. 반팔이라도 상관없다. 반팔을 입었을 때의 시원함이 가을하늘과 연결될 수 있기 때문이다. 만약 두툼한 옷과 연관된다면 가을의 싸늘함과 옷의 따뜻한 느낌이 상반되면서 자연스럽게 또 다른 관심을 유도할 수 있다. 고정된 느낌의 커뮤니케이션은 없다. 같은 느낌이라도 다른 이야기를 통해 색다른 감각과 관심을 제안할 수 있기 때문이다.

드럼세탁기 위에 여자가 앉아 있다. 그녀는 누구일까? 인물의 외형에 따라 그 느낌이 달라질 것이다. 다리를 보니 탄탄한 근육이 느껴진다. 발레 자세로 세탁기를 잡은 그녀에게서 세탁기의 강한 세탁력이 느껴진다. 가부좌를 튼 자세와 감은 눈은 제품의 고요함을 전달한다. 조용하지만 강력한 세탁기임을 암시하는 광고다.

다시 말하지만 광고(디자인) 안에는 티끌만치도 버릴 것이 없어야 한다. 모든 것에 의미가 있어야 하고 그 의미(단어)들이 즐거운 이야기로 만들어져야만 디자인이 완성된 것이다. 즉 직장인이 전달하려는 커뮤니케이션이 비로소 결실을 맺는 것이다.

또 다른 광고의 예를 상상할 수 있다. 한껏 뛰어올라 정점에 다다른 여인. 아주 잠깐이지만 순간의 정지가 연출된다. 사진으로 찍어도 다른 움직임보다 더 여유가 느껴지는 순간이다. 이때 얇은 천 사이로 보이는 다리는 여유를 멈춤의 감상으로 바꾸어버리고 카메라 기능에 대한 확인과 인지까지 끌어내며 막을 내린다. 만약 제품을 구구절절 설명한다면 당장 필요해서 그 이름을 떠올려야 할 때 제법 오랜 시간이 걸린다. 하지만 느낌으로 받아들인 카메라는 필요한 순간에 즉각 떠오르는 마법 같은 부력을 가지게 마련이다.

생각하기에 따라 소비자에게 느낌을 전달하는 것이 쉽게 느껴질 수도 있다. 하지만 중요한 것은 광고의 느낌과 일치하는 제품(정보)의 질이다. 광고의 느낌과 제품의 성능이 다르다면 오히려 제품에 대한 인식만 나빠질 뿐이다. 속임수는 커뮤니케이션이 아니다. 소비자와의 커뮤니케이션은 언제나 진실해야 한다. 따라서 광고를 만드는 직장인이 소비자에게 진실해지려면 스스로 꼼꼼한 소비자가 되어야 한다. 물건 하나를 사도 꼼꼼하게 따져 무엇이 문제인지를 찾아내는 습관이 일상에서 자연스럽게 이루어져야 한다.

광고는 현실을 꼼꼼하게 관찰하고 연구하는 데서 시작하

는 것이지, 가만히 앉아 떠오르는 영감만을 기다리는 것이 아니다. 그러니 광고에 성공하고 싶은 직장인이 있다면 당장 자사의 제품부터 꼼꼼하게 살펴보라. 진실한 눈으로 그 제품의 단점까지 포용할 수 있을 때 비로소 그 상품과 부합하는 느낌에 도달할 것이다.

제품 디자인—의상, 휴대폰, 자동차, 의자

가능한 **조건**만 기억하자

샤넬, 구치, 루이비통의 공통점은? 아, 내로라하는 명품이라고? 하지만 이들은 사치품이다. 사치품은 구매 욕구를 자극하는 디자인의 완성품으로, 상품 자체가 인간의 소유 본능을 자극한다. 사치품이 직장인인 당신의 마음을 훔쳐갔다 쳐도 결코 이들은 참고할 만한 디자인이 아니다. 또한 누구나 사치품을 좋아할 것 같지만 사실은 노노스Nonos(노 로고no logo, 노 디자인no design의 합성어로 겉으로 드러나지 않는 명품을 선호하는 계층)가 의외로 많다. 이들은 남에게 과시하기보다는 스스로 만족하기 위해 명품을 선택한다.

과연 어떻게 해야 노노스를 겨냥한 명품을 생산할 수 있을

까? 어쩌면 직장인에게 가장 중요한 덕목일 수 있는데, 불가능한 상황은 잊고 가능한 조건만 기억하는 가장 긍정적인 상태를 유지하는 것이다. 옷을 만들 때 마음에 쏙 드는 고급스런 옷감을 사용하면 당연히 제품 가격이 올라간다. 좋은 옷감으로 만들면 더없이 좋겠지만, 항상 그럴 수는 없는 노릇이다. 이미 벌어진 불가능한 상황은 빠르게 잊고, 가능한(해야 하는) 조건들을 기억하라. 그래야만 명품에 한발 더 다가설 수 있다. 이 같은 디자인 마인드가 있는 직장인만이 가장 효율적인 디자인 조건에서 소비자가 원하는 가격대의 명품을 탄생시킬 수 있다.

옷 얘기가 나온 김에 덧붙여보자. 사실 옷에는 직선이란 개념이 없다. 간단히 표현하느라 직선으로 그려놓았지만, 옷은 입는 것이므로 몸의 형태에 맞춰 곡선으로 흐른다. 그러므로 유능한 직장인은 직선으로 표현한 형태만 볼 것이 아니라 곡선으로 변하는 모양을 눈여겨봐야 한다. 또한 옷의 형태와 재질에 따라 소비자의 몸에서 곡선으로 흐르는 모습이 다르므로 이것에도 주의하자.

어떻게 하면 소비자의 움직임을 예상할 수 있을까? 어떤 행동을 하기 전에 누구나 무엇을 할 것인지 미리 알려주는 준비 움직임이 있다. 가령 바지 주머니에서 지갑을 꺼낼 때도 일단 주머니를 만져보고 주머니에 손을 넣어 지갑을 잡는 준비 움직임이 있게 마련이다. 호주머니 깊숙이 지갑을 잡았다면 꺼내려는 움직임을 예측할 수 있고, 끝부분만 잡았다면 또 다른 행동을 예측할 수 있다.

휴대폰도 마찬가지다. 직장인은 버튼의 위치와 크기만으로 예비 소비자의 손놀림을 느낄 수 있어야 한다. 버튼이 작고 서로 떨어져 있으면 손놀림이 느리면서 손동작의 반경이 넓을 것이고, 버튼이 작고 붙어 있으면 손놀림도 빨라질 것이다.

다음은 자동차다. 사실 자동차 디자인은 어려울 게 없다. 공기를 느낄 수 있는 직장인이라면 자동차 디자인은 일도 아니다. 자동차는 한쪽 방향으로 달리는 동안 눈에 보이지 않는 공기와 부딪힌다. 소비자는 자동차를 고를 때 일단 외형부터 살피게 마련인데 모양을 선택하는 기준이 바로 공기와의 만남인 셈이다. 공기와의 마찰을 즐기는 드라이버, 공기를 부드럽게 타고 넘으려는 드라이버, 공기의 저항을 최대한 줄이며

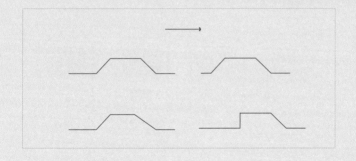

빠져나가려는 드라이버 등 자신도 모르게 공기와의 만남을 예상하고 모양을 고르는 것이다. 그러므로 공기를 느끼고 조절한다면 소비자가 원하는 자동차를 디자인할 수 있다.

제품 디자인에서 빼놓을 수 없는 영역이 의자다. 의자는 중력으로부터 몸을 보호하는 수단인 만큼 의자의 모양 자체가 인간이 앉은 모양이 된다. 사실 의자 디자인을 할 때 중력이 의자에 가하는 힘은 별로 중요한 요소가 아니다. 소비자는 의자 자체를 보는 것이 아니라, 의자에 앉는 인간의 모양을 보고 인간에게 미치는 중력의 힘을 상상하기 때문이다. 의자에 앉았을 때의 편안함이 가장 중요한 선택 기준이 되는 셈이다. 그러므로 의자 디자인은 의자의 모양이 아니라 사람의 모양을 만드는 일이다.

지금까지 옷을 디자인할 때 직선에서도 곡선을 느껴야 하는 이유, 바지 주머니에 손을 넣는 동작을 통한 소비자의 준비 움직임 파악, 자동차 디자인에서 공기의 흐름, 의자 디자인의 핵심 요소인 중력 등 디자인의 여러 조건을 살펴보았다. 이외에도 디자인의 조건은 다양하지만 이들이 결코 따로따로 적용되는 것은 아니다. 곡선은 중력, 중력은 공기, 공기는 사전 긴장감을 만들며 서로 긴밀히 연결되어 나타난다.

환경 디자인–건축, 공공 디자인
가능한 한 많은 사람을 배려하자

인간이 살아가는 데 필요한 것들을 모두 담은 것이 건물이다. 그만큼 건축은 총체적이고 복합적인 작업이다. 당연히 아무나 할 수 없는 일이라 생각하기 쉬운데, 사실 아무나 하는 일이다. 제아무리 유명 건축가가 지은 근사한 건물이라도 인간이 만족을 느끼지 못하고 편안하게 사용할 수 없다면 한낱 쓰레기에 불과하다. 건물은 건축가만이 디자인할 수 있는 것이 아니라 누구든 디자인할 수 있다. 다만 적지 않은 시간과 노력이 필요할 뿐이다.

옆 페이지 사진은 귀를 쫑긋 올리고 수줍게 바라보는 느낌을 주는 건물이다. 생각해보면 누구나 쉽게 떠올릴 수 있는 디

자인이다. 중요한 점은 이 건물을 만들기 위해 오래 생각하고, 가장 압축된 형태와 색을 찾아냈다는 것이다. 생각하고 표현하는 힘이 있는 직장인이라면 건축기술자들의 힘을 빌려 자신이 원하는 건물을 만들 수 있다. 건축기술자와 디자이너에게 아이디어를 주어 직장인의 생각대로 움직이면 그뿐이다. 직접 설계도를 그리거나 벽돌을 쌓지 않더라도 직장인의 생각과 말이 건물로 이어지는 것, 이것이 바로 직장인의 건축 디자인이다.

건축에서 가장 중요한 부분은 바로 인간과 움직임이다. 길쭉한 건물과 정육면체 건물의 느낌이 다른 것도 건물의 움직임(중력)에 따라 느낌이 다르기 때문이다. 중력은 중력을 견디어내는 움직임을 만든다. 그래서 중력이 느껴지는 만큼 중력을 견디는 힘(움직임)도 함께 느껴지는 것이다. 움직임이 느껴지지 않는다면 그 건물은 이미 땅바닥에 무너져내린 상태다.

정육면체 건물의 한 부분을 떼어냈다 치자. 이렇게 되면 무엇이 달라질까? 당연히 건물 안에 있는 사람들의 움직임이 달라질 것이다. 앞으로 쭉 가다가 꺾이는 부분이 생기기 때문에 사람들도 벽을 따라 꺾이게 마련이다. 주사위 모양을 예로 들어보자. 창 하나는 천장에서 내려오는 빛이 생겨 사람이 하늘을 바라보게 하고, 옆으로 난 두 개와 세 개의 창은 사람이 둘로 보이는 밖과 셋으로 보이는 밖의 차이를 느끼게 한다. 건물의 위치가 변하는 느낌을 주는 것이다. 또한 두 개에서 세개, 세 개에서 다섯 개의 창으로 옮기면서 주사위처럼 던져지는 운명을 느끼고 생활해야 한다. 바닥에 여섯 개의 큰 점을 찍어놓으면 마지막 큰 수는 감춘 건물이 된다.

건물을 이어주는 부분, 예를 들어 도로, 지하철, 인도, 공원, 항구 등도 공공 디자인의 대상이다. 인간이 살아가는 모든 공간이 공공 디자인의 대상이 되는 것이다. 사람들이 바라보는 내 집도 공공 디자인이다. 아주아주 사적인 공간을 제외하고는 공공 디자인의 범주를 벗어날 수 없다. 공공 디자인이라고 해서 게시판, 교통 표지, 벤치, 정류장, 지하철, 공중화장실, 공중전화, 가로등, 쓰레기통, 재떨이, 자동판매기, 우체통, 화분, 가로수 등으로 분리할 필요가 없다. 이들 공간은 사람과 사람(공공, 公共, public)을 연결하는 역할을 하므로 공공 디자인인 것이다. 중요한 것은 공공 디자인은 무엇인가라는 개념 정의가 아니라 공공 디자인을 어떻게 이뤄야 하는가다.

공공 디자인은 가장 어려운 상황을 예상하고 디자인한다. 이런 개념을 '유니버셜 디자인'이라고 하는데, 모든 이용자가 만족하도록 넓게 생각하는 디자인이라는 의미다. 사실은 너무도 당연한 것이다. 공공 개념은 보통 사람을 뜻하는 것이 아니라 일반인 누구나를 의미하는 것이기 때문이다. 그러므로 가장 사용하기 불편한 사람을 기준으로 삼아야 한다.

버스정류장의 노선도를 생각해보자. 노선도의 글자는 보통 사람뿐 아니라 시력이 떨어지는 사람들도 어느 정도 식별 가능한 크기여야 한다. 그렇다고 사용이 불편한 사람만 생각해서 디자인하면 이번에는 보통 사람들이 힘들어진다. 노선도의 글자가 너무 크면 한눈에 버스 노선을 확인하기 어렵지 않겠는가.

보통 사람과 어려운 사람이 모두 만족하는 중간 지점을 찾아내는 것이 공공 디자인에서 가장 중요한 부분이다. 다시 말해 장애를 가진 사람뿐 아니라 일반인에게도 가장 좋은 지점을 찾아내야 하는 것이 바로 공공 디자인인 셈이다. 장애인에게는 도움이 되지만 일반인에게는 소용이 없다면 공공 디자인이 될 수 없다. 장애인에게 필요한 것이라면 당연히 일반인에게도 필요하다. 이러한 가치를 현실화하는 것이 바로 생각의 힘이다. 중요한 것은 유연성 확보다.

얼마 전 등장한 저상버스를 보자. 장애인을 고려한 낮은 바닥이 일반인에게 아무 도움이 되지 않는다면 결코 훌륭한 배려가 될 수 없다. 저상버스에 유모차도 올라탈 수 있다면 장애인을 위한 시설이면서 일상 생활에 도움이 되는 진정한 공공 디자인으로 탈바꿈할 수 있다. 시설만 바꾸는 것이 아니라 생각을 바꾸는 디자인이 이뤄진 셈이다.

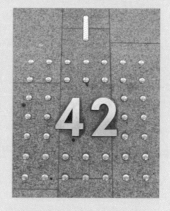

시각 장애인을 위한 표시지만, 점자로 만든 숫자가 아니라 일반인도 확실하게 알아볼 수 있는 숫자로 표시해놓았다. 장애인도 보통 사람도 모두 만족하는 디자인이다.

　위의 사진은 기차의 의자 번호 표시다. 사람들이 손으로 잡는 의자 옆면에 붙어 있어 시각 장애인이 빠르게 자리를 확인할 수 있다. 시각 장애인을 위한 배려이면서 일반인들도 손으로 감촉을 느끼는 신선한 경험을 제공하는 공공 디자인이다.

미래 디자인–웹, 로봇

'사랑=생각' 임을 이해하자

'사랑한다'는 말은 원래 '생각한다(覺 깨달음, 생각 각)'에서 유래했다. '나는 당신을 사랑합니다'와 '나는 당신을 생각합니다'는 같은 의미였다. 사실은 지금도 같은 의미다. 인간을 생각하는 것이 바로 사랑이기 때문이다. 다만 '생각한다'는 객관적인 사실에 대해 곰곰이 궁리하는 것이고, '사랑한다'는 감성의 차원에서 애틋한 정을 그리는 차이일 뿐이다. 다른 어원에서도 이 같은 사실을 확인할 수 있다. Love의 어원은 '기뻐하다'라는 뜻의 라틴어 Lubere인데, 생각을 통해 사람을 떠올리는 일이 기쁨이 되면 바로 사랑이 되는 것이다.

감성적인 생각, 생각의 기쁨인 사랑. 당연히 인간이 행복해지려면 생각을, 좀더 확실하게 말하면 사랑을 표현해야만 한다. 만약 직장인이 만든 이미지 속에 생각(사랑)이 들어 있다면 사람들은 그 배려에 행복을 느낄 것이다. 물론 직장인도 미소짓는 사람들을 보며 행복감에 사로잡힐 것이다.

그런 점에서 보면 하루에도 수십 번씩 방문하는 웹(web, 거미줄) 역시 사랑을 나누는 장소다. 이 드넓은 정보 바다를 통해 전달되는 유용한 자료들 역시 많은 이들에게 행복을 주려고 창조되었기 때문이다.

만약 웹에 전구에 관한 질문을 던지면 어떤 정보들을 알려줄까? 아마 많은 양의 전구 사진, 사용 설명, 동영상, 소리 등 관련 자료를 엄청나게 토해낼 것이다. 웹만큼 준비하지 않는 한 네티즌들은 전구와 관련된 웹 정보에 눈길조차 주지 않을 것이다. 그렇다면 어떻게 해야 할까. 대답은 간단하다. 사랑이 느껴지게 하라.

직장인이 흔해빠진 전구 이미지로 네티즌을 맞는다면 시

작부터 이미 실패다. 그것보다는 다른 이미지를 상상하라. 예를 들어 컴컴한 방에서 책을 읽고 싶어 울상 짓는 아이에게 불을 밝힌 전구가 "Can I help you?"라고 묻는다든가, 어두운 부엌을 배경으로 실내조명등이 치즈를 비추고 적당한 카피와 함께 배고픈 아이가 울음을 그치는 장면을 보여준다면 네티즌들은 직장인의 작은 배려에서 사랑을 느낄 것이다. 아니면 발상을 바꿔 깨진 전구의 이미지를 보여주면 어떨까. 대신 전구의 유리조각을 바닥에서 완벽하게 제거할 수 있는 방법을 명확하게 알려주면 또 다른 사랑의 표현이 될 것이다. 이 같은 작은 배려가 웹 디자인의 시작이다.

하지만 웹도 또 다른 디자인 매체에 자리를 내줄 처지다. 웹이라는 매체가 등장하기도 전에 텔레비전 방송은 수도 없이 웹을 이야기했다. 지금은 로봇을 쉬지 않고 이야기한다. 이쯤 되면 눈치 빠른 직장인은 깨달았을 것이다. 웹을 이을 다음 디자인 매체가 로봇이라는 것을. 성공하려는 직장인이라면 지금부터 로봇을 사랑으로 디자인하라. 인간과 똑같은 외모에 인간의 일을 대신할 수 있는 로봇을 향해 끊임없이 기술의 진화를 거듭할 것이다. 그러므로 로봇 디자인은 가장 인간다운 모습을 하고 가장 인간답게 움직이며 가장 인간답게 감성을 표현하는 데 초점을 맞춰야 할 것이다.

 로봇이 디자인 매체가 된다는 것은 일상적으로 흔히 사용하는 정보 전달 수단이 된다는 의미다. 흔히 연상하는 산업 로봇이나 특수한 목적의 로봇은 디자인 매체가 아니다. 사람이 덥다고 하면 로봇이 자기 몸에서 선풍기를 꺼내 시원한 바람을 제공하는 식의 소통도 아니다. 그저 이미 존재하는 선풍기를 들고 와 버튼을 누르면 그만이다. 사람이 사용하도록 만든 선풍기이니 그 무엇보다도 사람이 가장 잘 다룰 수 있다. 당연히 사람을 닮은 로봇이 선풍기를 가장 잘 다룰 것이다. 하지만 잘 다룬다는 의미에는 단순한 조작을 넘어 사랑의 감정이 내포되어야 한다. 직장인이 아주 더워할 때는 선풍기를 세게 틀어주고, 잠에 빠지면 약하게 조절해주는 사랑이 필요한 것이다. 이러한 사랑을 로봇에게 디자인해주면

사랑으로 가득 찬 로봇은 그 가치를 인정받아 빠르게 확산될 것이다. 사람을 생각하며 디자인한다면 로봇 디자인도 결코 어렵지 않다.

사람을 깊이 생각하고 흉내내어 만든 제품 중에 로봇말고 헤드폰이 있다. 소리의 울림을 귀로 직접 전달하는 헤드폰은 귀에 밀착되었을 경우 귀에 닿는 부분이 딱딱하면 귀의 물렁 뼈가 눌려 아프다. 그래서 부드러운 동시에 귀 모양으로 밀착 되어 파고들게 만들어야 한다. 또한 음의 크기가 사람이 들을 수 있는 영역 안에 있어야 한다. 또한 머리에 걸쳐 누르는 부 분이 머리 모양이어야 하며 누르는 압력이 사람이 견디기에 적당해야 한다. 가장 좋은 헤드폰은 사람과 가장 가까운 모양 과 기능을 가진다.

사람이 만드는 디자인은 하나같이 사람을 흉내내고 있다. 더불어 사람을 사랑하는 마음을 담아야 성공적인 디자인이 탄생한다. 목돈이 없어 돈을 벌 수 없다고 투덜대는 직장인이 있다면 이제부터 생각을 바꿔라. 돈을 버는 마지막 수단은 내 안의 사랑으로 디자인을 바꾸는 일이다.

알파 차원 현실
몸으로 디자인하자

알파α는 영어의 A, a에 해당하는 문자로 첫째 가는 것, 처음의 의미로 쓰인다. 미지수를 의미할 때 '플러스 알파' 등의 표현으로 쓰이기도 한다. 별안간 알파 이야기를 꺼내 의아해 할 직장인들이여, 디자인은 바로 플러스 알파임을 기억하라.

우리가 사는 세계는 3차원 입체 공간이다. 디자인은 사람의 기억에 담긴 시간들을 조합해서 만들어내는 4차원(3차원에 시간을 조절하는 공간)이다. 사람은 동굴에 그림을 그리면서 이미 4차원을 생산해냈지만 오랜 세월이 지난 지금도 4차원 이상은 만들지 못한다. 하지만 현실과 벗어난 또 다른 알파 차원을 만들어내려는 노력은 지금도 꾸준히 진행되고 있다. 우리에겐 꿈이라는 영역이 존재하기 때문이다. 이 꿈을 현실로 이루어내는 공간이 바로 '디자인'이다.

4차원보다 높은 미지의 알파 차원은 10년 안에 로봇과 함께 일상적인 디자인 영역으로 자리잡을 것이다. 알파 차원 현실 하면 먼저 가상 현실(virtual reality)을 떠올리겠지만 지금의 가상 현실과는 차원이 다르다. 한마디로 자신이 디자인하고 싶은 또 다른 세상을 만드는 것이다. 인간에게 또 다른 세상이란, 현실과는 다른 나의 생각과 꿈을 이루어내는 공간이다. 그러므로 알파 차원 현실은 가상 현실이 아니라 진짜 현실을 의미한다. 하늘을 나는 꿈을 꾼다고 가정하자. 아무 느낌이 없는 무미건조한 꿈과 바람이나 구름이 몸으로 느껴지는 꿈은 확실히 다를 것이다. 후자의 경우가 바로 알파 차원 현실에 속한다. 알파 차원 현실은 5차원부터 1,000,000,000,000차원으로, 다시 무한대 차원으로 만들어지며 차원의 알파값은 현실 체감 수치가 상승하면서 함께 올라간다.

가상 현실로 접속해 들어간다. '텅텅' 소리를 내며 탱크의 강철 발판을 오른다. 귀에 들리는 소리도 진짜이고, 발에 닿는 두툼한 강철의 느낌도 사실이다. 어제까지만 해도 발에 느껴지는 감촉이 이렇진 않았는데 그새 새롭게 디자인한 모양이다. 탱크에 시동을 걸자 차체에서 뿜어져나오는 강한 진동에 몸이 저절로 부르르 떨려온다. 탱크를 몰고 친구들이 있는 곳으로 향한다. 그리고 일렬횡대로 탱크들을 집결시켰다. 옆 친구가 먼저 포탄을 발사한다. 강한 반동이 강판을 타고 전율하더니 포탄이 날아가 요란하게 터진다. 나도 포탄을 들어 장전한다. 쇠와 쇠가 부딪치는 소리와 탄약 냄새가 코끝을 스친다.

알파 차원 현실은 몸으로 디자인하는 공간이다. 가상 현실을 진짜 현실로 만드는 일은 얼마나 완벽한 이야기로 소비자의 몸(오감)을 자극하느냐에 달려 있다. 사실 알파 차원은 4차원보다 더욱 오감에 민감하고 이를 이야기로 만들 수 있는 능력을 가진 직장인만이 디자인할 수 있는 분야다. 만약 알파 차원을 디자인할 능력을 갖춘 직장인이라면 감히 말하건데 초고속 승진과 세계를 움직이는 CEO 자리는 맡아놓은 당상일 것이다. 준비한 사람만이 미래를 즐기는 법이다. 꾸준히 준비하여 알파 차원 현실을 다룰 수 있는 직장인에 도전해보라.

정육면체를 보자. 분명 입체지만 실제로는 정육면체가 아니다. 아무리 봐도 정육면체인데 아니라고 하니 난감할 것이다. 설명하기 어렵지만 아래의 사람 얼굴을 보면 이해할 수 있을 것이다. 분명 위로 올라온 부조 같지만 옆에서 보면 안으로 파인 심조다(부조는 형상이 도드라져 튀어나오게 조각하는 것이고, 심조는 부조와 반대로 바탕보다 더 깊게 파서 조각한 것). 정육면체 역시 완전한 정육면체가 아니라, 자세히 보면 바깥 부분이 잘려나간 정육면체의 안쪽에 색을 칠해 정육면체처럼 보이게 만든 것이다. 가까이 가서 아주 자세히 관찰해야만 알 수 있는 진짜 현실 같은 가상 현실인 것이다. 이렇듯 완벽하게 시각을 조작하려면 엄청난 노력이 필요하다. 하지만 노력하는 만큼 사람들을 감탄시킬 수 있다.

3장

커뮤니케이션으로
디자인한다

디자인의 결과는 형태나 색에서 나오는 것이 아니다. 도리어 커뮤니케이션이 결과물의 만족도를 좌지우지한다. 디자인 업무는 언제나 수정이 따르게 마련인데 딱딱한 생각과 커뮤니케이션만으로 무장한다면 디자이너에게 자신의 의견을 설득시킬 수 없다. 디자인에서 성공하고 싶다면 커뮤니케이션에 집중하라.

커뮤니케이션 1
상대방의 말을 잘 듣고 이해하자

커뮤니케이션은 딜레마dilemma다. 딜레마는 그리스어의 di(두 번)와 lemma(제안, 명제)의 합성어로 답이 두 개라는 뜻이다. 한 가지 답을 골라야 하는 상황에서 답이 두 개라니, 당연히 이러지도 저러지도 못하는 진퇴양난의 궁지에 몰리고 만다. 하지만 냉정히 따져보면 답이 두 개뿐일 이유도 없다. 사실 딜레마는 답이 너무 많을 때 발생하는데, 이렇게 많은 답 가운데 지금 상태에서 최선의 답을 뽑는 일이 바로 커뮤니케이션이다. 이를테면 마구 꼬인 실타래를 풀기 위해 단초가 되는 실을 찾는 작업이다. 하지만 단초가 되는 실을 찾아 뽑아도 한계가 있다. 어느 정도 풀려나오다가 다시 골치를 썩이기 때문이다.

그렇다고 속앓이를 계속할 것인가. 그냥 내가 원하는 만큼 실을 뽑아 다른 실에 묶어 쓰면 그만이다. 단초를 찾지 못한 경우에도 원하는 길이만큼 실이 풀리는 부분에 주목하라. 실이 마냥 술술 풀린다면 이내 실타래(커뮤니케이션의 대상)는 사라지고 만다.

그렇다면 직장인에게 실타래는 무엇인가? 바로 얽히고설킨 말이다. 이 복잡한 언어를 누구나 이해할 수 있는 한 가지 디자인(생각의 표현)으로 뽑아내는 것이 결국 직장인이 해결해야만 하는 임무다. 커뮤니케이션 과정에서 오가는 말은 모두 제각각이다. 그것을 하나로 뽑아내 명료함을 보여주려면 커뮤니케이션 능력을 향상시켜야 한다.

커뮤니케이션을 이끄는 방법에는 월세의 법칙이 있다. 월세는 일정 거주지에서 생활한 후 그 사용료를 나중에 지불하는 후불제다. 2월의 경우는 대부분 28일밖에 없기 때문에 24일쯤 월세를 지불하면 왠지 모르게 아까운 생각이 든다. 마치 한 달을 덜 채운 느낌이랄까. 하지만 31일까지 있는 3월의 경우에는 31일에 대한 월세를 지불하는 셈이 된다. 사실 아까운 느낌은 3월 24일에 지불하는 경우다. 그러나 이상하게도 2월 24일의 경우가 더 아깝게 느껴진다. 그 이유는 사람은 느낌으로 판단하기 때문이다. 만약 정확한 계산이 그 느낌을 바꿀 수 있다면 계산상의 느낌이 지금의 느낌을 압도했기 때문이다. 디자인은 느낌으로 시작해 논리로 설명하고 다시 느낌으로 전해져야 한다. 느낌을 논리로 풀어 다시 느낌으로 만들어내는 직장인만이 인정받을 수 있다.

따라서 직장인이 커뮤니케이션을 이끌어갈 때 가장 중요한 능력은 상대방의 말을 나의 느낌과 해석을 통해 이해하는 동시에 그들도 내가 느끼는 것을 공감할 수 있도록 적절한 말로 바꾸어내는 것이다. 이런 능력은 하루아침에 만들어지는 것이 아니라, 꾸준하게 문제를 해결하고 답을 만들어내는 노력이 쌓여야만 이루어진다. 시간과 노력을 들여 해결된 문제들이 쌓여가면서 직장인의 디자인 능력도 덩달아 올라가는 것이다.

인정받는 직장인과 그렇지 못한 직장인의 차이는 분명하다. 전자의 경우는 답을 말할 때 나의 해석을 통해 나의 이야기를 하지만, 후자의 경우는 외워서 이야기한다. 답에 나라는 존재가 배제된 것이다. 외운 답에서 새로운 아이디어가 떠오를 리 없고 아이디어를 표현(결과물)으로 재구성하는 것은 더욱 요원할 뿐이다. 또한 같은 주장을 펼치더라도 자신만의 개성과 명쾌한 커뮤니케이션이 녹아 있어야만 한다. 그래야만 디자인(결과)으로 받아들여진다. 같지만 다른 것을 만들어내는 능력이 바로 커뮤니케이션을 성공으로 이끄는 또 다른 비결인 셈이다.

이제 디자인라이팅과 디자인 생산을 위한 준비 과정을 통해 커뮤니케이션 능력을 갖추었다. 그러나 알기만 해서는 아무 소용이 없다. 반드시 활용하고 또 활용해야 한다. 같은 주장을 펼치더라도 계속 새로운 답안을 생각해야 한다. 실타래 어느 부분의 실을 뽑아 쓰느냐에 따라 결과물은 천차만별일 테니 말이다. 커뮤니케이션에서도 이 발상을 잘 활용하여 적재적소에 필요한 실을 잘 뽑아낸다면 디자인의 성공 가능성은 훨씬 커질 것이다.

커뮤니케이션 2
풍부한 **감성**으로 대화하자

디자인이 필요한가? 설명할 수 있는 느낌이 디자인이고, 이 느낌을 만드는 자가 디자이너다. 즉 디자인은 논리가 있는 결론이다. 그러므로 느낌 역시 논리(디자인라이팅)로 만들어져야 한다.

디자이너와 일해본 사람은 디자이너를 설득하는 것이 얼마나 어려운지 잘 알고 있다. 처음 한두 번은 알아듣지 못할 말을 서로 참아가며 적당한 선에서 디자이너와 의견을 조율하려 애쓴다. 그러나 조율이 효과적인 결과를 가져오지 못하면 이내 껄끄러운 사이가 되고 급기야 가능한 한 빠른 시간 내에 적당한 선에서 업무를 끝내려고 한다. 디자인은 디자인을 요구하는 대상과 디자이너의 이야기가 서로 얽히면서 이루어지는 성과인데, 적당한 선에서 할 일만 하려 들면 결코 만족스런 결과를 끌어낼 수 없다. 이렇게 만든 디자인은 돈과 시간 낭비일 뿐이다.

사실 이런 상황에 대한 책임은 모두 디자이너에게 있다. 명색이 디자이너라면 디자인 요구자의 생각을 읽고 그것을 이해하고 표현하는 능력을 갖추어야 한다. 만약 디자이너가 디자인을 요구하는 당신의 생각을 이해하려 들지도 않고 그것을 시각적인 결과물로 표현하는 능력마저도 떨어진다면 그것은 당신의 잘못이 아니라 디자이너의 잘못이다. 무늬만 디자이너인 것이다.

하지만 진짜 디자이너를 경험하지 못하는 당신도 안타깝기는 마찬가지다. 진짜 디자이너들은 당신을 절대로 짜증나게 하지 않는다. 그들은 쉽게 만날 수 없는 존재들이며 당신이 생각하는 수준과는 격이 다른 발상과 창의력으로 무장한 자들이다. 당연히 그들은 높은 보수를 요구한다. 충분한 투자가 가능하다면 그런 디자이너와 작업할 수 있다. 하지만 적은 돈으로 최고의 효과를 요구하는 직장에서는 보통의 디자이너와 작업해야만 한다. 결국 당신은 짜증이 나도 참아야 한다. 그래봐야 불편한 대인 관계와 질 낮은 디자인이 당신을 기다릴 뿐이다. 차라리 디자이너와 감성적인 커뮤니케이션을 하는 편이 당신에게 훨씬 유리하다

디자인의 결과는 형태나 색에서 나오는 것이 아니다. 도리어 커뮤니케이션이 결과물의 만족도를 좌지우지한다. 디자인 업무는 언제나 수정이 따르게 마련인데 딱딱한 생각과 커뮤니케이션으로만 무장한다면 디자이너에게 당신의 의견을 설득시킬 수 없다.

당신의 생각을 현실로 만들어주는 디자이너. 그들을 다룰 줄 모른다면 당신은 아직 성공할 때가 아니다. 디자이너는 돈이나 힘에 움직이지 않는다. 인간적인 매력에 움직이는 것도 아니다. 디자이너는 논리적이고 설득력 있는 지식(지혜)으로 움직인다. 그것을 인간다운 매력과 감성으로 포장해 전달해야 비로소 디자이너가 당신 편이 된다. 그렇기 때문에 가장 이상적인 직장인만이 디자이너를 다룰 수 있다. 그 정도로 디자

이너를 다루는 일은 어렵고도 험난하다. 사람을 다루는 일은
단순히 지시하는 것과 차원이 다르기 때문이다.

커뮤니케이션 3
항상 기분 좋게 웃자

직장 내 커뮤니케이션은 절대적으로 상사를 중심으로 이루어진다. 훌륭한 디자인을 만들어낼 자신이 있다고 해도 직장인이 생각하는 이미지를 상사의 허락 없이 밀고 나갈 수는 없기 때문이다. 자신의 주장만 밀고 나간다면 다른 직장의 다른 상사와 일해야 할 가능성이 높아질 것이다.

썩어도 준치라는 말이 있듯 직장에서 경력은 가장 중요한 부분을 차지한다. 물론 아무 생각 없이 보낸 무능한 경력은 실무에 도움이 되지 못하지만, 오랜 직장 생활을 통해 얻은 노하우로 무장한 상사라면 분명 저력이 숨어 있게 마련이다. 따지고 보면 상사와의 마찰은 무능력의 문제보다는 커뮤니케이션의 문제가 더 크다. 따라서 직장인은 절대적으로 상사가 말하는 것을 이해하고 또 이해해야 한다. 그러면 상사는 자신의 말을 들어주고 이해해주는 그 직장인을 먼저 보호해주고 업무성과도 후하게 쳐주게 마련이다. 독불장군처럼 혼자서 튀는 것보다는 자연스럽게 어울리며 조화를 이루는 과정을 더 중요하게 여길 수도 있으므로 상사와의 원만한 관계는 반드시 필요하다.

자, 상사가 회사와 제품(정보)을 소개하는 카탈로그를 만들라고 지시했다. 상품 소개를 목적으로 한 인쇄물 또는 웹 페이지인 카탈로그는 상품 구매가 예상되는 소비자에게 상품의 기능이나 특징, 가격, 디자인 등을 사진이나 그림을 넣어 알기 쉽게 설명하고, 또 구입할 때 참고할 만한 사항을 담고 있어야 한다. 그렇다면 카탈로그에 들어갈 내용을 가장 잘 아는 사람이 누구겠는가? 당연히 상사다. 상사에게 유용한 정보를 뽑아내지 못한다면 제아무리 좋은 아이디어로 디자인한 카탈로그라도 그 기능을 제대로 발휘할 수 없다. 과연 어떻게 하면 상사에게 정보를 얻어낼 수 있을까?

구약성서에 등장하는 무드셀라Methuselah를 떠올리자. 969 세에 생을 마감한 그는 지나간 일 중 불쾌한 기억은 폐기하고 좋은 기억만으로 과거를 재구성하여 인식했다고 한다. 얼마나 빨리 상사와의 관계에서 나쁜 기억을 잊고 좋은 기억만 떠올리느냐가 정보를 얻어내는 중요한 관건이다. 자신에게 호의적이지 않은 부하 직원에게 중요한 정보를 넘겨줄 리 없다.

웃는 얼굴에 침 못 뱉는다고 무작정 웃어야 할까. 웃는 건 쉽다. 하지만 기분 좋게 웃는 건 어렵다. 정말로 좋은 기억들이 있어야만 가능한 일이다. 이런 웃음을 보이는 부하 직원이라면 상사들은 알려주지 않을 정보까지도 순순히 알려주게 마련이다. 따라서 웃는 표정을 연습해야 한다. 입에 연필을 물고 연습하라. 긍정적이고 잘 웃는 직장인이 좋은 정보를 얻어내고 좋은 성과를 만들 수 있다.

이런 노력을 통해 지금의 제품을 생산하기까지의 과정을 상사가 자세히 들려준다. 어디에서도 듣지 못한 이야기가 직장인을 흥분시킨다. 디자인은 이야기를 담는 작업이기에 제품과 관련된 알짜배기 속이야기는 제품을 이해하는 중요한 자료가 된다. 그야말로 진짜 정보인 셈이다. 이런 정보를 바닥에 깔고 만든 카탈로그는 만족스러운 디자인을 보장한다. 디자인의 열쇠를 가진 사람은 바로 상사였던 셈이다.

카탈로그에 담을 대상이 찻잔이라고 생각해보자. 찻잔에는 원래 손잡이가 없었다. 대신 두툼하게 만들어 뜨거운 것도 담을 수 있도록 만들었다. 하지만 찻잔이 무거워서 차를 마시기 어렵자, 얇게 만드는 대신 잡는 부분에 나무 테두리를 둘렀다. 그리고 지금은 나무 테두리를 플라스틱으로 대체했다.

만약 이런 정보를 가지고 직장인이 카탈로그를 만든다면 우선 사용할 이미지부터 달라질 것이다. 물이 너무 뜨거우면 플라스틱에서 냄새가 날 수 있으므로 뜨거운 느낌보다는 우려낸 차의 짙은 색과 향, 맛이 느껴지는 따뜻한 느낌의 이미지를 선별해야 할 것이다. 나무 테두리일 때는 뜨거움이 느껴지는 이미지를 선별했다면 지금은 그것과는 전혀 다른 느낌이 요구되는 것이다. 이렇듯 유용한 알짜배기 정보가 있어야만 만족스런 디자인 결과물에 접근할 수 있다.

상사에게 필요한 정보를 얻어냈다면 지금부터는 조리할 차례다. 날것 그대로 삼키면 지금까지의 커뮤니케이션은 상사에 대한 아부일 뿐이다. 나의 생각(철학)으로 정보를 재구성하고 신선하게 만들어내야 한다. 조리에서 철학(빛에 대한 사랑, 세상을 움직이는 에너지의 근원에 대한 깊은 생각)은 불의 기능을 한다. 날것을 먹으면 치아에 무리가 갈 수 있고 맛을 제대로 느낄 수도 없으며 영양 성분을 제대로 소화하지 못할 수도 있다. 심지어 기생충과 각종 세균 감염으로 몸이 병들 수도 있다.

인간에게 불이 아주 중요하듯 디자인에도 철학이 중요하다. 불이 유용하다는 것을 알면서도 제대로 사용하지 않는다면 그것은 불의 위험성을 두려워하기 때문이다. 불이 주는 혜택을 포기하는 어리석음을 범하지 마라.

마찬가지로 그 어떤 이유로 철학을 두려워한다면 디자인이 주는 풍요로움이나 행복과 담을 쌓는 꼴이다. 모름지기 성공하고 싶은 직장인이라면 긍정적 시선으로 사물을 관찰하고 철학을 통해 만족스런 디자인을 이끌어내야 한다. 여기서 중요한 사실은 아는 것과 외우는 것은 별개라는 점이다. 디자인의 정의는 이미 완벽하게 끝난 상태다. 하지만 외워 말하는 디자인은 날로 먹겠다는 의미와 다를 것이 없다. 디자인이 무엇인지, 디자인을 왜 하는지 끈기 있게 생각해야만 비로소 맛있게 조리한 디자인 요리를 음미할 수 있는 것이다.

커뮤니케이션 4
언제나 CEO를 꿈꾸자

CEO는 바보가 아니다. 회사의 운명은 CEO에게 달려 있다. CEO가 어떤 결정을 내리느냐에 따라 회사의 운명이 바뀌고 직장인의 운명마저 바뀐다. 사실 직장인은 직장을 위해서 일하는 것이 아니라 CEO를 위해 일한다. CEO를 꿈꾸는 직장인이라면 CEO와의 커뮤니케이션이 무엇보다 중요하다.

CEO는 많은 직장인 중 자신과 맞는 사람을 상사의 위치에 올려놓게 마련이다. 상사는 CEO와 커뮤니케이션이 이루어지는 사람이다. 그러므로 CEO와 직접 커뮤니케이션하기 전에 상사에게 인정을 받아야 한다. 상사는 간접적으로 CEO에게 당신의 이야기를 하고, 비로소 CEO도 당신에게 관심을 갖기 시작하기 때문이다.

CEO에게 중요한 것은 두 가지다. 하나는 자신을 믿어주는가, 또 하나는 능력이 있는가다. 아무리 능력이 없는 상사라도 상사의 위치에 있는 사람은 CEO가 믿는 사람이다. 따라서 상사에게 인정받는다는 것은 CEO에게도 믿음직한 사람이라는 신호다. 능력만으로 상사를 무시하면 CEO를 무시하는 셈이다. CEO가 되려면 먼저 상사가 되어야 하고, 상사가 되려면 상사에게 인정받아야 한다. 물론 CEO도 상사가 더 이상 신선한 생각을 하지 못한다는 사실을 잘 알고 있다. 어느 순간 상사에게서 신선한 이야기들이 흘러나오기 시작하면, CEO는 그 아이디어를 내놓는 직원이 따로 있음을 당연히 안다. 다만 모르는 척할 뿐이다. 상사가 신선한 이야기의 주인공을 밝히지 않아도 시간이 가면 자연스럽게 알게 된다. 당신은 상사에게 아이디어를 도용당하는 기분이겠지만, 그만큼 상사는 당신에게 의존할 수밖에 없어진다. 다시 말해 당신이 상사의 상사가 되는 것이다. 엄청나게 풍부한 아이디어로 무장한 당신이라면 한 주에 몇백 개씩 빌려줘도 끄떡없을 것이다.

나이키 심벌은 1971년 포틀랜드 대학에서 광고학을 전공하는 캐롤린 데이빗슨이 만들었다. 나이키의 창업자 필이 옆 사무실에서 아르바이트하는 캐롤린에게 신발 옆에 붙일 만한 로고를 부탁했던 것이다. 캐롤린은 심벌을 만들어주고 35달러를 받았다. 그렇다면 나이키 심벌을 만든 캐롤린이 나이키를 성공시킨 사람인가? 나이키를 성공으로 이끈 주인공은 캐롤린이 만든 심벌이 아니라 바로 나이키의 창업자인 필이다. 그는 나이키 심벌에 시간과 노력을 심었다.

마찬가지로 직장인도 어느 순간 잊어지는 존재일 뿐이다. 끝까지 남는 존재는 CEO다. 그러니 업무에 바치는 열정이 아깝다면 어떻게든 CEO로 살아남아야 한다. CEO가 되려면 먼저 CEO에게 인정받아야 한다. 혼자서 열심히 한다고 이루어지는 일은 없다. 누군가(CEO)가 성공 가능성은 보고 도와주어야 한다. CEO만이 성공하는 CEO가 될 수 있도록 당신을 도와줄 것이다.

CEO가 당신을 믿고 능력을 인정해 회사의 가장 중요한 프로젝트인 차세대 휴대폰 디자인을 맡겼다. 당신은 휴대폰을 만드는 것이 아니라 회사의 미래를 생산하는 존재가 된 것이다. 디자인이 멋진 휴대폰을 만드는 건 정말로 쉽다. 좋은 디자인 회사를 찾아 최고의 디자이너와 일하면 최고의 휴대폰이 탄생할 수밖에 없다.

하지만 CEO가 원하는 것은 디자인이 멋진 휴대폰이 아니라 회사의 미래를 제시하는 휴대폰이다. 전적으로 디자인 회사에 디자인을 맡기면 다음에도 많은 돈을 지불하고 디자인 회사에 의존해야 한다. 디자인 비용이 문제가 아니라 회사의 미래가 디자인 회사의 선택에 매달리는 꼴이 되고 만다. CEO는 직장인이 회사의 대표로서 디자인 철학을 제시하고 이를 통해 디자인 회사와 디자이너를 이끌어가기를 원한다.

사실 CEO도 디자인 회사를 움직이는 커뮤니케이션에 약하다. 이런 상황에서 직장인은 이미 CEO의 위치에서 경험을 쌓는 것이다. 회사의 경영 철학과 이를 연결하는 디자인(제품, 정보)을 만들어내는 임무를 맡았으니 CEO의 위치와 진배없는 것이다. 하지만 중요한 것은 샴페인을 일찍 터뜨리며 웃음을 흘리지 말라는 것이다. 방탕한 웃음소리가 들리는 순간 당신은 즉각 퇴출당할 것이다. 철저한 준비 없이 무작정 일을 시작하면 크게 망한다. 누구나 크게 낭패를 본 경험이 있을 것이다. 그 기억을 떠올리며 언제나 조심하고 또 조심해야 한다. 순간의 실수가 CEO의 꿈에서 영원히 당신을 밀어낼 수 있기 때문이다.

커뮤니케이션 5

혁신의 **중심**에 서서
바라보자

누구에게나 좋은 디자인은 좋게 느껴지고 나쁜 디자인은 나쁘게 느껴지게 마련이다. 인간이 원하는 느낌은 비슷하기 때문에 대한민국에서 첫손가락에 꼽히는 디자인은 세계 어디에서도 비슷한 평가를 받을 수 있다. 디자인의 많은 부분이 외국 (미국, 유럽, 일본)에서 들어왔기 때문에 대한민국 기준이 아닌 외부의 기준에 맞춰 디자인의 결과물을 얻는 경우가 많다. 그러나 이 경우의 디자인은 대한민국 최고도 아니고, 또한 세계 최고도 아니라는 점을 알아야 한다.

버스를 타면 꼿꼿이 서 있는 임산부 픽토그램이 붙어 있는 경우를 볼 수 있다. 이 픽토그램대로라면 임산부에게 자리를 양보할 이유가 없어 보인다. 이 픽토그램은 대한민국에서 만든 것이 아니라 외국에서 가져온 것이다. 제법 몸집이 있고 체력도 좋은 서양 여자들은 임신을 해도 꼿꼿이 서서 걷는 모양이다. 하지만 우리나라는 꼿꼿이 서서 걸어다닐 만큼 체력이 좋은 임산부가 많지 않다. 대부분 한 손으로는 부른 배를 감싸고 다른 한 손으로는 허리를 받치며 천천히 걷는다.

물론 픽토그램은 누구나 쉽게 그 내용을 알 수 있게 제작해야 하지만 그렇다고 세계 어느 곳이나 똑같은 픽토그램을 사용할 수는 없는 노릇이다. 각 나라의 문화와 사회적 특성에 맞게 디자인해야 비로소 생명력을 얻는 것이다. 외국 사람들의 눈높이에만 맞춘 디자인은 그다지 좋은 디자인으로 다가오지 않는다. 우리나라의 이야기가 들어 있지 않은 디자인은 국내에서나 해외에서나 절대 세계 최고의 디자인이 될 수 없다. 대한민국의 직장인이 만든 디자인이 세계 최고가 되려면 바로 직장인 자신이 세상의 중심이 되어야만 한다.

이 픽토그램은 힘이 있는 사람이 목적을 가지고 달려가는 것이다. 이 픽토그램을 신호등의 '건너가는 표시'로 사용한다면 사람들은 강한 목적을 가지고 건널목을 횡단할 것이다. '멈춤'의 표시로 사용한다면 아무리 건너야 하는 일이 있어도 참으라는 강한 메시지가 담길 것이다.

디자인의 역사를 살펴보면 그 시대를 이끌어가는 디자인 이론들이 있었다. 이 이론들을 정리해보면 기능, 단순함, 미래, 인간이라는 네 단어로 함축할 수 있다. 유행처럼 잠시 나타났다 사그라지는 이론으로 만든 디자인은 생명력이 짧다. 유행만을 쫓는 디자인은 실패한다. 유행을 따르다 보면 어느새 한물간 유행 모조품이 되고 말기 때문이다. 따라가는 디자인은 디자인이 아니라 베끼기다. 베끼기로 돈을 벌 수 있다면 그것도 엄연한 사업이므로 금지시킬 수는 없지만 사회적으로 훌륭한 평가나 긍정적인 대접은 받지 못할 것이다.

디자인은 항상 진화한다. 한번 쓴 디자인은 두 번 다시 쓰지 않기 때문에 디자인은 언제나 혁신 과정에 있다. 그렇다고 말도 안 되는 상상으로 만들어서는 안 되며 '기능, 단순함, 미래, 인간'의 네 부분을 모두 만족시키는 디자인을 생산해야 한다.

그런 점에서 애플에서 나온 '아이팟' mp3 플레이어는 지금까지 없었던 디자인으로 만든 혁신적인 제품이다. 기능만 뛰어난 것이 아니라 아주 단순하면서도 미래 지향적이고 심리적 안정감을 주기 때문이다. 아이팟은 다른 mp3들이 심리적으로 손안에 들어오도록 작게 만들었을 때, 손으로 쥐는 리모컨 크기로 만들었다. 리모컨은 무엇인가를 조정하는 역할을 하기에 아이팟에서도 은연 중 그런 느낌을 받는다. 원하는 음악이나 영상을 마음대로 조정할 수 있다는 컨셉트와 형태가 맞아떨어진다. 인터페이스인 '터치 휠'은 리모컨처럼 잡고 엄지손가락으로 살며시 터치한 상태에서 돌리면 원하는 메뉴로 이동한다. 기계적으로 계산하고 외워서 움직이는 것이 아니라, 인간이 원하면 따라 움직여주는 기능을 가지고 있다. 구구절절 설명하지 않아도 알아서 해주는 명쾌함(단순함)이 있는 것이다.

이처럼 디자인은 언제나 혁신적이어야 한다. 그렇다고 무조건 복잡하게 만들지 말라는 것은 아니다. 기능이 많으면 단순화한다고 해도 복잡할 수밖에 없으며, 복잡함 자체가 사람들이 원하는 단순함일 수도 있기 때문이다. 복잡함을 무조건 없애고 이유 없이 작게만 만든다면 그것은 디자인이 아니다. 인간에게 단순한(명쾌한) 느낌을 전하는 것이 키포인트다. 미래는 절대로 지금과 같지 않다. 자연으로 돌아갈 수도 있으며, 더욱 여성화될 수도 있다. 따라서 '기능, 단순함, 미래, 인간'의 의미는 수시로 달라질 것이며, 이 요소들을 어떻게 조합하느냐에 따라 혁신적인 디자인의 형태 역시 달라질 것이다.

디자인 마인드를 위한 디자인 용어

굳이 전문 디자인 용어에 의존할 필요는 없다. 압축된 전문 용어보다는 자신이 상징(생각)하는 것을 말로 풀어 설명하면 된다. 그래도 전문 용어에 대한 미련이 남는다면 디자이너에게 직접 물어보며 현장 실무 감각으로 터득하라. 단 디자인 용어를 이해하려면 지식이 아닌 지혜가 필요하다. 있는 그대로를 외워 말하는 지식은 무용지물이며 그 안에 들어 있는 숨은 뜻을 이해하고 재해석하는 것이 진정한 디자인이기 때문이다. 그런 점에서 아래에 소개한 디자인 용어들이 지식이 되지 않도록 재해석하는 과정이 반드시 필요하다.

기호記號: 이미지에 이름을 붙이는 일. 화살표 모양에 화살표라는 이름을 붙이려면 많은 생각을 해야 하듯 모양에 의미를 주어 이름을 붙이는 일을 의미.

백발白拔: 검은 바탕에 흰색으로 문자나 모양을 나타내는 것.

생각生覺: 생명을 잉태해 생산하는 과정처럼 시간 속에서 얻어내는 답.

조형: '디자인'의 우리나라 말. 상상 완성.

책등: 책꽂이에 책을 꽂았을 때 정면으로 보이는 부분.

adapts: 수정.

animation: '생명을 붙여낸다'는 의미. 완벽하게 눈의 착각을 일으켜 살아 있는 것으로 믿게 하는 기술.

anti-alias(딱딱함 없애기): 사각 픽셀에 색을 채우면 아무리 부드럽게 해도 딱딱한 느낌이 생기는데 이때 외곽에 중간 색상을 그림자처럼 붙여 부드럽게 만드는 방법.

arrangement(배치, 배합): 레이아웃보다 더 자세한 이야기를 가지는 위치 정하기.

art director: 디자인 프로젝트의 최고 결정권을 가진 디자이너.

art nouveau: 자연에서 유래된 아름다운 곡선을 모티프로 삼은 디자인. 덩굴풀이나 담쟁이, 공작의 형태, 파도나 포도넝쿨 줄기, 백조, 꽃봉오리의 곡선을 사용해 식물을 모방.

artwork: 상상을 현실로 만들 수 있도록 가장 가깝게 표현한 글과 그림 그리고 목업mock-up.

aura(기운): 이미지에서 풍기는 느낌.

basic design(기초 디자인): 기초적인 상상 완성 방법. 생각을 글과 그림으로 뽑아내는 일.

bauhaus: 독일의 디자인 학교. 현대 디자인과 예술 분야에 많은 영향을 미침.

bitmap(픽셀에 색 채우기): 사각 픽셀 하나하나에 색을 채우면 그림(아이

콘)이 완성됨.

bleed: 인쇄할 때 자르는 부분(재단 선)보다 이미지나 색을 재단선 밖으로 3밀리미터 정도 여유 있게 작업하는 것. 그래야 재단 후 흰 여백 없이 깔끔하게 이미지가 남음.

brain storming: 여러 사람이 함께 휘몰아치듯 아이디어를 제시하는 방법. 적극적인 참여와 풍부한 상상력이 필요하지만 자질이 부족한 사람들이 진행하면 자칫 지루해지지 쉬움.

brief(개요, 이야기 풀기): 컨셉트를 풀어낸 구체적인 디자인 지침(이야기).

calligraphy: 좁게는 서예를 의미하지만, 손과 도구를 이용해 쓰는 글자를 뜻함.

caption: 본문과 별도로 사진 혹은 일러스트레이션에서 붙이는 글.

character: 문자.

client: 돈을 주고 디자인을 의뢰하는 고객.

CMYK[cyan(파랑), magenta(빨강), yellow(노랑), black(검정)]: 인쇄에서 사용하는 색. 네 가지 색으로 미세한 점들을 찍어 색을 구성.

collage: 합성.

concept(개념, 단어): 한 가지 단어로 압축되는 의미. 이 단어가 결국 이야기(디자인)로 발전함. 하지만 디자인에서 중요한 것은 컨셉트가 아니라 발전되는 이야기임.

contents design: 온라인을 통해 제공되는 정보를 디자인하는 일. 콘텐츠 디자인 개념을 오프라인에서도 사용하지만, 온라인을 통해 제공되는 디지털 요소가 아주 강함. 따라서 콘텐츠 디자인은 온라인의 개념적 정보 생산을 바탕으로 오프라인과 연결된 것을 의미.

corporate identity(CI, 회사 동일성): 회사의 동일성을 유지하기 위한 생각이 담긴 심벌과 로고.

creative(상상): 인간의 생각을 통해 현실에서 만들어지는 새로움.

design: 상상 완성.

design consultant: 디자인에 관한 전문 지식과 지혜를 가진 사람이 디자인이 필요한 조직이나 개인의 의뢰를 받아 디자인에 관한 상담에 응하고, 진단을 내리는 일.

design policy: 기업의 이미지를 만드는 대규모 작업.

design process(디자인 과정): 상상을 완성하기 위해 생각하고 생각을 글과 그림으로 정확하게 표현하고 이를 사람들에게 보여 이야기를 나누고, 이를 통해 수정하고 완성품을 만드는 과정.

design source: 상상을 완성하기 위한 재료들로 일상의 관찰을 통해 형성됨.

design survey: 상상 완성의 반응 조사로 외부 조사(Field-Research)가 중심이 됨.

detail: 끝까지 꼼꼼하게 이미지를 관찰하고 수정하는 작업.

diagram: 도표.

display: 아직 알려지지 않은(보여주지 않은) 디자인을 보여줌.

dpi(dot per inch): 1인치 공간 내에 찍힌 점의 단위. 300개를 찍었다면 300dpi가 됨.

editorial design: 인쇄 매체를 시각적으로 구성하는 그래픽 디자인.

embossing: 종이나 기타 재료 표면에 도드라져 올라오게 인쇄하는 방법. 인쇄라기보다는 기계가 모양을 눌러 올라오게 함.

fancy: 상품 기능이나 실용성보다 아름다움을 강조한 생활용품. 문구류, 가방, 시계, 벽걸이, 실내장식품 등을 의미.

folio: 인쇄물의 페이지 숫자.

form(형태): 사물의 외곽선만을 뜻하는 것이 아니라 재질의 촉감을 함께 의미함.

format: 디자인의 형태, 크기, 모양 등 외형을 갖추기 위한 기본적인 디자인 계획.

freelance designer: 재정적으로 여유도 없고 소속도 없는 디자이너를 의미. 재정적으로 여유가 있으나 소속이 없는 디자이너는 프리랜서라는 단어를 사용하지 않음.

gradation: 일정한 질서를 갖춘 색과 형태의 변화.

graphic design(그림 디자인): 느껴지는 그림을 통해 상상을 완성해 나가는 일.

grid: 바둑판 무늬를 종이나 모니터에 그려놓은 것과 같은 이치인 정사각형 격자. 격자를 그려놓음으로써 이미지의 위치가 조금 더 확실해질 수 있음.

HTML(Hyper Text Markup Language): 웹에서 하이퍼텍스트(텍스트의 상호 연결) 문서를 만들기 위해 사용하는 기본 언어.

identity(동일성): 중심이 되는 생각. 중심이 되는 생각이 있으면 디자인을 바꾸더라도 동일성을 유지할 수 있음. 고정적 개념을 다양한 개요(이야기)로 풀어내는 작업을 의미.

image(해석되는 느낌): 단순히 그림만을 뜻하는 것이 아니라 인간에게 받아들여지는 모든 느낌을 의미함.

imitation: 모방.

industrial design(산업 디자인): 대량 생산이 가능하도록 상상을 완성시키는 일.

information architecture: 건축물처럼 정보의 체계를 합리적으로 구축하는 작업.

interface design(얼굴 서로 보기 디자인): 이미지 안에서 사람을 느끼게 하는 디자인.

keyword: 디자인 과정 중 문제 해결의 열쇠가 되는 단어.

label: 상품에 붙이는 소형 인쇄물.

land mark: 일정 공간(지구, 국가, 도시, 마을) 내에서 중요한 의미를 갖는 인식도 높은 상징적인 장소, 조형물, 구조물.

lay out(위치 정하기): 하나의 공간(그

래픽, 제품, 건축) 안에 들어가는 다양한 이미지들의 위치를 잡아주는 일. 공간과 이미지의 관계, 이미지와 이미지의 관계가 이야기로 맞아떨어지면 위치 정하기가 잘된 것임.

logo: 글 상징.

lupe: '확대경'이라는 뜻의 독일어. 루페로 인쇄물을 확대하면 네 가지 색(CMYK) 점들이 보임. 이 점들의 조합을 이용한 착시로 색을 구성.

maniere(기법): 작가 특유의 표현.

mechanism: 제품의 기계적 구조와 작동 원리. 디자인을 완성해 생산하려면 상상력을 제어하는 기계적 메커니즘이 필요함.

mock-up: 상상의 대상을 만질 수 있는 물체로 만들어내는 일.

modeling: 물체의 입체감을 만드는 것.

modern design: 1920년대 바우하우스의 운동을 계기로 전개된 기능주의 디자인을 가리킴.

module: 디자인 대량 생산을 위한 규격화 기준.

naming: 상품에 이름을 붙이는 디자인.

negative: 색채와 명암이 반대로 바뀐 모양. 색은 보색으로, 밝은 것은 어둡게, 어두운 것은 밝게 보이는 것.

objet(물체, 객체): 인간이 의미를 부여하는 모든 사물.

package(포장): 상품을 보호하는 동시에 가치를 높여주는 디자인.

pattern: 반복되는 무늬.

performance(몸언어): 신체를 이용한 행위를 통한 표현. 디자이너의 경우 일상적인 퍼포먼스로 감성을 키움.

perspective: 평면 위에 인간이 보는 것처럼 입체의 느낌이 들도록 표현하는 기법. 원근법, 투시도법.

pictogram: 그림 기호.

pixel: 루페로 모니터를 확대해서 들여다보면 보이는 점.

positive: 이미지의 색채와 명암이 실물과 같음.

portfolio: 디자이너가 만든 이미지의 자료 묶음.

presentation: 디자이너가 의뢰받은 디자인 작업을 설명하는 일.

propotion: 조화로움을 의미하며 이론이 아닌 느낌임.

rendering: 완성하기 전에 상상으로 그린 제품 그림.

repeat: 디자인이 반복적으로 노출되어 익숙해지게 만드는 일.

reprint: 이미지의 수정 없이 똑같이 출력해내는 것. 반면 수정 후 출력을 하면 재인쇄라 함.

RGB: 빨강, 초록, 파랑을 의미하며 이 색들이 조합하여 모니터의 색을 구성함.

rough sketch: 디자인을 시작할 때 개념을 잡기 위해 상상을 그림으로 표현하는 것. 구체적이지 않고 폭넓은 상상을 표현하는 만큼 그림이 거침.

sign: 오감에 호소해 유도, 지시, 위치, 고지, 안내의 각종 정보를 전달하는 것.

simulation: 디자인 결과를 가정하여 행하는 모의 실험.

slogan: 소비자의 주의를 끌어 각인시키는 데 사용되는 문구.

styling: 제품의 외관을 디자인하는 일.

symbol: 그림 상징.

target: 디자인을 구입하고 사용하는 아주 구체적인 집단.

texture: 물체 표면.

thumbnail: 러프 스케치를 현실화하기 위해 자세히 그린 그림.

tone: 이미지(색)의 미묘한 차이가 주는 느낌을 의미.

trend: 일정한 방향성을 갖고 항상 변화하는 사람들의 생각.

triming: 디자인에 맞춰 크기, 각도, 비례를 기준으로 이미지를 잘라내는 일.

typography: 언어를 시각화한 그림 글자.

universal design: '모든 사람을 위한 디자인'을 의미. 가장 힘없고 상처 많은 이들의 상상을 완성시켜주는 일.

variation: 다양한 변화를 통해 디자인에 다양성을 부여하는 일.

디자인 마인드를 위한 웹사이트

국가 기관 사이트

정확한 디자인에 대한 정보와 지원을 원한다면 사이트에 접속해 정보를 찾아보고, 관련 부서에 직접 전화해보는 것이 좋다. 한국디자인진흥원은 디자인을 통해 산업을 일으키는 것이 목적이므로 당신의 물음에 성의껏 대답해줄 것이다.

www.designdb.com: 한국디자인진흥원에서 운영하는
디자인 데이터베이스
www.designdb.comkidp: 한국디자인진흥원
www.kido.go.kr: 특허청
www.mocie.go.kr: 산업자원부, 한국디자인진흥원은 산업자원부 산하 기관

디자인협회

디자인 작업을 할 때 필요한 정보와 인력을 주변에서 찾는 것도 좋지만, 협회의 도움을 받아 가장 적합한 디자이너를 섭외하고 이들과의 만남을 통해 구체적인 정보와 적합한 디자이너를 찾아내는 것도 좋은 방법이다.

jungle.co.kr: 디자이너에 대해 알고 싶다면 이 사이트의 정보 활용
www.kaid.or.kr: 한국산업디자이니협회
www.kcds2005.or.kr: 한국색채디자인학회
kecd.org: 한국현대디자인실험작가협회
www.kia1983.or.kr: 한국일러스트레이션학회
www.kiid.or.kr: 한국실내디자인협회
www.koreajewelrydesign.com: 한국귀금속보석디자인협회
www.kosid.or.kr: 한국실내건축가협회
www.kpda.or.kr: 한국패키지디자인협회
www.ktda.or.kr: 한국텍스타일디자인협회
www.sanmi.org: 한국산업미술가협회
www.vidak.or.kr: 한국시각정보디자인협회

저자가 추천하는 이미지가 훌륭한 사이트

디자인 능력을 향상시키려면 좋은 이미지를 자주 봐야 한다.
이 사이트들의 이미지를 보고 느끼고 이야기로 만들어낸다면
어느 순간 디자인을 아는 직장인으로 새롭게 탄생할 것이다.

www.123klan.com
www.abnormalbehaviorchild.com
also-online.com
www.blindlane.com
www.bobschneidermusic.com
www.byandreas.com
www.coca-cola.com
www.davidlachapelle.com
www.designershock.com
www.destroyrockcity.com
www.dhky.com
www.electricheat.org
www.futabita.com
www.futabita.com
www.futurefarmers.com
www.halfproject.com
hello.eboy.com
www.hillmancurtis.com

www.imhelix.com

www.jc-online.com

www.jiroken.com

milkyelephant.com

www.m-o-n-a-m-o-u-r.com

www.mullerphoto.com

www.nike.com

www.peterfunch.com

www.quickhoney.com

www.rexbox.co.uk

www.rice5.com

www.tokyoplastic.com

www.typotopo.com

www.wefail.com

www.zachgold.com

세상에 존재하는 모든 사이트가 디자인과 관련돼 있다고 봐도 과언이 아닌 만큼 디자인 능력 향상에 도움을 주는 사이트는 수없이 많다. 하지만 사이트의 정보만으로 디자인 능력을 해결하려는 것은 아주 잘못된 생각이다. 디자인은 현실 속에서 만들어야 한다. 발로 뛰고 손으로 직접 만지며 정보를 수집하고 완성해나가는 과정이야말로 디자인의 생명이다.